Rockelmann/Wimmer: Kleine Basteltipps für die Modellbahn

Ulrich Rockelmann
Lubosch Wimmer

Kleine Basteltipps für die
Modellbahn

Impressum

Ein kostenloses Gesamtverzeichnis erhalten Sie beim
GeraMond Verlag
D-81664 München

www.geramond.de

Lektorat: Lukas Gagel
Layout: Gramma GmbH
Repro: Scanner Service
Herstellung: Ulrike Walleitner

Alle Angaben dieses Werkes wurden vom Autor sorgfältig recherchiert und auf den aktuellen Stand gebracht sowie vom Verlag geprüft. Für die Richtigkeit der Angaben kann jedoch keine Haftung übernommen werden. Für Hinweise und Anregungen sind wir jederzeit dankbar. Bitte richten Sie diese an:
GeraMond Verlag
Produktmanagement
Innsbrucker Ring 15
D-81673 München
e-mail: lektorat@geranova.de

Bildnachweis:
Titelbilder: Markus Tiedtke (großes Bild),
Lubosch Wimmer (kleine Bilder und Rücktitelbild)
Alle nicht gekennzeichneten Bilder stammen von den Autoren.

Die Deutsche Bibliothek-CIP Einheitsaufnahme
Ein Titeldatensatz für diese Publikation ist bei
der Deutschen Bibliothek erhältlich.

© 2002 GeraMond Verlag im Hause GeraNova Verlag GmbH, München
Alle Rechte vorbehalten
Printed in Italy by Printer Trento s.r.l.
ISBN 3-7654-7264-6

Inhalt

Vorwort	8

Neben den Gleisen	10
Wartehäuschen Schottenhammer	12
Wartehäuschen Melkendorf	14
Kleiner Zug an der Wand	16
Verlängerter Schilderpfosten	17
Erhöhter Bahnsteig mit Stufen	18
Schutzgeländer für Weichenlaternen	21
Toilettenhäuschen	22
Unterstellmöglichkeit für Handwagen	23
Kleiner Holzschuppen	24
Behelfsmäßige Kleinbekohlung	24
Einfaches Lademaß	25
Hemmschuhständer	26
Große Werkzeugkiste	26
Prellböcke	27
Merkpfähle zu Lage der Pufferbohle	27
halb verschütteter Stahlprellbock	29
einfacher Betonprellbock	30
verwaister Betonprellbock	30
geschmückter Betonprellbock einer Schmalspurbahn	30
Telefon-Freileitungen	32
Draisinenschuppen	37
Ausrangierter Personenwagen	38

Auf und am Rande der Straße	40
Bemerkungen zu Verkehrszeichen	42
Schildermasten in beiden deutschen Staaten	42
ungewöhnliche Schilderbefestigungen	43
Warnkreuze – längs oder quer?	44
Sperrschild und Pfähle	45
aufgemalte Schulwegsicherungen	46
Spiegel im Verkehr (mit Exkurs Schiene und Schiff)	47
Straßenbegrenzungen	49
Steine und Bäume	49
Pfähle	50
Ausweichen	50
Autokennzeichen	52
Orientierungstafeln	55
Hinweise auf Versorgungsleitungen	58
Automaten	62
Schaukästen	64
Verzierte Hinweistafel	67
Podest für Milchkannen	68
Schrottauto	69
Winterdienst	71
Rund um die „gelbe" Post	76
Straßenbahn und Linienbus	82

Um Haus und Garten	88
Obstbaumpflege	90
Bewässerung	90
„Schützt eure Anlagen"	93
Am Vorgarten:	94
Säulen für die Gartentür	94
Gartentüren	94
Zeitungsbox	95
Halbhohe Gartenmauer	95
Sicherung von Baulücken oder leeren Gebäuden	97
Provisorischer Holzzaun	97
zeitweilige Schutzmauer	98

Inhalt

Kleine Trafostation		**Nicht alltäglliches**	**112**
in der Siedlung	99		
Kamine	103	Alte Feldbahnloren am Ortsrand	114
Potemkinsche Bemalungen	103	Noch 'ne Kirche im Dorf	115
		Flugzeug am Bahnhof	116
In Wald und Flur	**104**	**Endstation**	**117**
Zwei Schutzhütten für Wanderer	104		
Ablaufrinnen für Regenwasser	109	**Anhang**	**118**
Wasserdurchlässe bei			
breiteren Feldwegen	110	*Baugrößen*	119
Kleine Holzbrücke	111	*Umrechnungstabellen*	119
Abdeckung mit Altreifen	111	*Epochen*	120

einigkeiten machen den Modellbahndamm vorbildgerecht: Das können Kilometersteine sein, aber auch Weichenlaternen, hrleitungssignale oder Abspannvorrichtungen Foto: Markus Tiedtke

Vorwort

Einige Worte zuvor

Das Angebot an Modelleisenbahnen und Zubehör hat inzwischen einen Umfang erreicht, von dem man vor 20 Jahren bestenfalls träumen konnte. Nicht nur die Sortimentslücken bei Lokomotiven und Wagen werden kontinuierlich kleiner, sondern auch beim passenden „Drumherum". Bahnhofsgebäude, Lagerhäuser, Bauernhöfe und Modellautos – alles ist auf den ersten Blick in großer Auswahl vorhanden.

So weit – so gut! Doch wird es längerfristig wohl kaum befriedigen, auf der Anlage ausschließlich industriell hergestellte Artikel zu verwenden – und das aus mehrerlei Gründen: Einmal gibt es angesichts der ungeheuren Vielfalt immer wieder Bauten, die noch kein Hersteller ins Modell umgesetzt hat. Zum anderen soll natürlich auch der Kostenaspekt nicht außer Acht bleiben, denn ein Wartehäuschen kann etwa ohne größere Probleme auch im weitestgehenden Selbstbau ohne nennenswerte Materialkosten entstehen. Und schließlich – das erscheint uns sehr wichtig – lässt sich ja die Freude über ein gelungenes Eigenbaumodell kaum anderweitig aufwiegen.

Dies bedeutet natürlich nicht zwangsläufig völligen Eigenbau. Manche Teile wie etwa Dachrinnen sind von der Industrie als Zubehör einzeln erhältlich oder von anderen Bausätzen übrig geblieben und stellen nun eine gute Hilfe dar. Es kommt also auch auf eine geschickte Kombination von Industrie- und Selbstbauteilen an, wodurch die gestalterische Phantasie angeregt wird. Die Beispiele erfordern übrigens keine „Superfertigkeiten" beim Basteln und sind größtenteils von einigermaßen geschickten Modellbahnerinnen und Modellbahnern gut zu bewältigen – wobei selbstverständlich Verfeinerungen der Arbeiten keine Grenzen gesetzt sind.

In diesem Büchlein versuchen wir nun, eine Reihe von Anregungen zu „Kleinbasteleien" zu geben. Der Bogen spannt sich von alltäglichen Dingen wie Straßenbegrenzungssteinen oder Wartehäuschen bis zu Kuriositäten. Hätten Sie etwa den Mut, auf Ihrer Anlage ein übermannsgroßes Kirchenmodell als Blickfang am Ortseingang aufzustellen? Voilà – in Illmitz am Neusiedler See fänden Sie so etwas tatsächlich. Selbstverständlich soll eine gute Modellbahnanlage kein Raritätenkabinett darstellen, aber geschickt dosiert können solche Besonderheiten zusätzliche Farbtupfer verleihen.

Nicht alle der hier vorgestellten Ideen wurden von uns konkret in kleinere Maßstäbe umgesetzt, doch glauben wir, dass die entsprechenden Vorbildfotos (und teilweise Skizzen) auch allein genügend Aussagekraft für eine Nachgestaltung besitzen. Zeichnungen sind in der Regel im Maßstab 1:87 (Baugröße H0) gehalten und wegen der Offenheit

Ulrich Rockelmann

Lubosch Wimmer

für verschiedene Baugrößen bewusst nicht mit Maßzahlen versehen – ein Zahlenwirrwarr dient wohl niemandem. Durch die im Anhang enthaltenen Umrechnungstabellen lassen sich ja mit einem Taschenrechner rasch die individuellen Maße für andere Maßstäbe ermitteln!

In diesem Sinne möchten wir uns bei allen bedanken, die zum Entstehen des Büchleins beigetragen haben - vom Verlag über die „Jungs" aus unserem Modellbahn-Stammgeschäft in der Nürnberger Südstadt bis zu Freundinnen und Freunden, die sich ebenfalls seit Jahren dem Basteln verschrieben haben.

U. Rockelmann und L. Wimmer
Nürnberg, im Juli 2002

Neben den

Gleisen

Hochbetrieb an der Ladestraße: Mit viel Gespür für das Detail wurde diese Szene gestaltet
Foto: Horst Meier

Neben den Gleisen

Wartehäuschen „Schottenhammer"

An Nebenbahnen in ländlichen Gebieten traf man mitunter auf sehr spartanisch ausgestattete Stationen, die demzufolge auch nur geringe Bedeutung besaßen. Ein gutes Beispiel dafür bot der Haltepunkt Schottenhammer im Nordosten Oberfrankens. Das schlichte Wartehäuschen ohne irgendwelche Verzierungen war ein reiner Zweckbau, dürfte sich aber gerade deswegen für eine Nachbildung im Modell eignen. Neben persönlichen Erinnerungen stand dem Verfasser allerdings nur ein einziges Foto aus dem Jahr 1972 zur Verfügung, so dass es sich um keinen hundertprozentigen Nachbau handelt. Dies ist indes kein Manko, denn derartig zeit- und stillose Häuschen könnten auch an vielen anderen Orten gestanden haben!

Informationen zum Vorbild

Der Haltepunkt Schottenhammer lag bei Kilometer 3,2 an der am 1. Juli 1910 von den damaligen Bayerischen Staatseisenbahnen eröffneten Lokalbahnstrecke Naila – Schwarzenbach am Wald. Güterverkehrsanlagen waren nie vorhanden, da der Weiler Schottenhammer nur aus wenigen Häusern besteht. Auch das Fahrgastaufkommen bewegte sich stets in bescheidenem Rahmen, und nach 1922 war der Haltepunkt sogar für einige Jahre geschlossen. Einen eigentlichen Bahnsteig gab es nicht – dieser bestand lediglich aus etwas festgestampfter Erde. Nachdem die DB 1956 den Schienenreiseverkehr zwischen Naila und Schwarzenbach weitgehend auf Busse verlagert hatte, ging es auch mit dem Haltepunkt Schottenhammer langsam bergab. Zum Sommerfahrplan 1966 wurden die Reisezüge bis auf ein einziges Paar zusammengestrichen, und am 2. Juni 1973 hob die Bahn den Haltepunkt völlig auf. Das noch bis Ende September jenen Jahres verkehrende Personenzugpaar passierte also während seiner letzten Monate Schottenhammer ohne Halt. Anfang Oktober 1994 endete auch der Güterverkehr auf der Schwarzenbacher Stichstrecke.
Lange Zeit waren die Züge dort mit Lokalbahnlokomotiven der bayerischen Gattungen BB II oder GtL 4/4 (spätere Baureihen 98.7 bzw. 98.8) bespannt. Einheitsloks der Baureihen 64 und 86 erschienen planmäßig erst zu DB-Zeiten, und die Verdieselung erfolgte durch die Baureihe V 100.1 (später 211).
Nachfolgend drei Beispiele von Zugzusammenstellungen.

Personenzug um 1958
Garnitur aus bayerischen Lokalbahnwagen und „Donnerbüchsen":
64 / B2i / B2i / BL2i / PwPostL2i

Güterzug mit Personenbeförderung (Gmp) 1965
Garnitur aus „Donnerbüchsen" und dreiachsigen Umbauwagen:
V 100.1 / G 10 / D2i / B2i / B3yg / B3yg (+ Güterwagen)

Nahverkehrszug 1971
Garnitur aus vierachsigen Umbauwagen:
211 / D2i / Byg / Byg

Bau des Modells
Die geringen Abmessungen des Vorbildes ermöglichen einen

Schottenhammer stellte einen typischen kleinen Nebenbahn-Haltepunkt mit bescheidenem Verkehrsaufkommen dar. Das am 1. Mai 1972 entstandene Foto zeigt die Anlagen mit Blick in Richtung Naila. Einen befestigten Bahnsteig hatte man sich erspart und das kleine Wartehäuschen sah bereits recht mitgenommen aus.

Wartehäuschen „Schottenhammer"

problemlosen Bau des Wartehäuschens bis zur H0-Größe aus etwa 1 mm starker, nicht fasernder Pappe. Zur Versteifung kleben wir innen in die drei nicht an die Eingangsöffnung stoßenden Ecken senkrechte Holzleistchen ein. Als Besonderheit ist die Türöffnung nicht symmetrisch angeordnet: Der (von vorn betrachtet) rechtsseitige Türabschluss ist mit dem vierten senkrechten Eckbalken identisch! Die beiden anderen „Türkanten" (links und oben) werden innen ebenfalls mit Holzleisten eingefasst.

Nicht schwierig, aber etwas zeitaufwändig stellt sich die plastische Durchgestaltung der Seitenwände dar. Dazu schneiden wir aus dünner Pappe etwa 1 mm breite (gilt für H0) Streifchen und kleben diese in ungefähr 2 mm Abstand voneinander auf die Wände. Es empfiehlt sich, Wandteile und Streifen bereits vor dem Aufkleben mit brauner Plaka-Farbe zu grundieren, da man später mit dem Pinsel unter Umständen nicht mehr in alle „Rillen" hineinkommt und eventuell herausquellender Kleber schlecht bemalbar ist.

Nicht alltäglich war die Vorderseite des Häuschens. Über der Türöffnung verlief beim Vorbild eine waagrechte Trennlinie; daher befanden sich obere und untere senkrechte Holzlatten teilweise etwas versetzt zueinander.

Das Dach des Modells besteht ebenfalls aus 1-mm-Pappe, erhält jedoch eine zusätzliche Dachpappenimitation aus feinem Schleifpapier oder dunkelgrau bis schwarz eingefärbtem gröberen Zeichenpapier. Wichtig für den optischen Eindruck ist, das Dach in Streifen (hier drei pro Dachhälfte) zu „bespannen".

Nach dem Zusammenkleben der Einzelteile und dem Durchtrocknen des Modells werden an den Giebelseiten aus zurecht gefeilten Holzleistchen die Stirnseiten der Dachlängsträger angedeutet. Danach kann die Endbemalung mit einer Mischung aus dunkelbrauner und grauer Plaka-Farbe erfolgen.

H0-Modell des Wartehäuschens „Schottenhammer"
Foto: Ilona Werner

Wer es genau nimmt, kann noch die Nachbildung einer Sitzbank aus Pappe oder Kunststoffresten im Inneren des Wartehäuschen vorsehen. Einen besonderen Fußbodenbelag benötigen wir nicht – dieser bestand nur aus festgestampfter Erde. Ebenso fehlen Dachrinnen, denn an den Traufseiten des Daches hielten sich keine Personen auf...

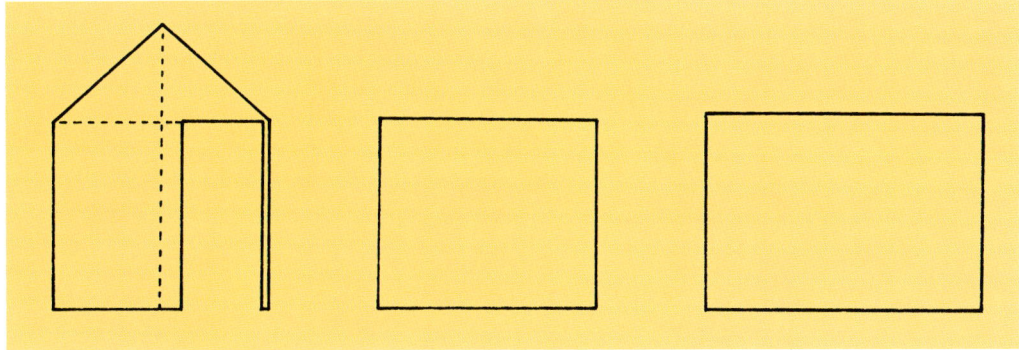

Hauptbauteile im Maßstab 1:87. Von links nach rechts: Vorderseite, Seitenteil, Dachhälfte. Alle Teile werden jeweils doppelt benötigt, wobei die Ausmaße der Rückwand der Vorderseite (ohne Türöffnung) entsprechen

Neben den Gleisen

Blick auf die Haltestelle Melkendorf im August 1974. Gut erkennbar sind die Fernsprechbude aus Wellblech, das für die Strecke charakteristische Stationsschild und der kurze Bahnsteig ohne fest eingefasste Kante.

Wartehäuschen „Melkendorf"

Zwar ebenfalls in Holzbauweise, doch gewissermaßen „eine Nummer größer" präsentierte sich das Wartehäuschen in Melkendorf an der Zweigstrecke Kulmbach – Thurnau. Das Attribut „größer" beschränkte sich dabei nicht nur auf die Ausmaße, sondern auch die aufwändigere Ausführung besonders des mit Ziegeln gedeckten Satteldaches. Doch zunächst einige Sätze zur Vorbildsituation.

Am 11. Oktober 1908 eröffneten die Bayerischen Staatseisenbahnen den Lokalbahnabschnitt Kulmbach – Thurnau als Teil der Verbindung weiter nach Bayreuth. Melkendorf liegt vor den Toren Kulmbachs und ist seit den 70er Jahren dorthin eingemeindet. Die Gleisanlagen der Haltestelle waren bescheiden – es existierte neben dem Durchgangsgleis nur ein einseitig angebundenes Ladegleis. Der vor dem Wartehäuschen liegende einfache Schüttbahnsteig war wegen der örtlichen Bedingungen – vorn ein Bahnübergang, hinten die Weiche zum Ladegleis – recht kurz, so dass bei längeren Zügen nicht alle Personenwagen am Bahnsteig zum Halten kamen. Bis in die 50er Jahre hinein versahen auf der Strecke Tenderloks bayerischen Ursprungs ihren Dienst, ehe sukzessive die Verdieselung erfolgte. Den Anfang machten Schienenbusse der Baureihe VT 95, Dieselloks der damaligen Baureihe V 100.1 folgten in den 60er Jahren.

Abgesehen von dem einige hundert Meter in Richtung Kulmbach abzweigenden Anschlussgleis zu einem Umspannwerk, bestanden die Melkendorfer Gleisanlagen lediglich aus einem stumpfen Ladegleis. Die Weiche zweigt aus Richtung Kulmbach ab, was Auswirkungen auf die Durchführung des Güterverkehrs hatte: In der Regel bediente man Melkendorf mit Sperrfahrten vom Bahnhof Kulmbach aus, wobei die Wagen in Richtung Melkendorf geschoben werden mussten. Nur wenn Wagen abzuholen waren, konnte dies auch aus Richtung Thurnau erfolgen. Nach dem Herausziehen vom Ladegleis wurden die Wagen an die Spitze des Zugs nach Kulmbach gehängt. Noch um 1980 versah diese Aufgabe ein Personenzug mit Güterbeförderung (Pmg)!

Um 1975, das dem Nachbauzustand des Wartehäuschens zugrunde liegt, war die Strecke bereits nicht mehr durchgehend bis Bayreuth befahrbar; die Schienenbusse hatte die DB hier vollständig durch lokbespannte Züge (Baureihe 211 mit vierachsigen Umbauwagen) ersetzt. Trotz des lebhaften Schülerverkehrs arbeitete die Bahn bereits auf eine Streckenstilllegung hin, die später auf Raten erfolgen sollte:

Die Haltestelle Melkendorf aus Fahrtrichtung Thurnau gesehen (August 1974). Deutlich ist die bescheidene Nutzlänge des Bahnsteigs erkennbar – bei längeren Zügen hielten immer mehrere Wagen außerhalb des Bahnsteigs. Zudem war während des Aufenthaltes von Zügen in Richtung Kulmbach der im Hintergrund sichtbare Bahnübergang blockiert.

Wartehäuschen „Melkendorf"

Reiseverkehr Kulmbach – Thurnau am 6. September 1993, Güterverkehr Melkendorf – Thurnau am 9. September 1993, Güterverkehr Kulmbach (Anschluss Müllverladung) – Melkendorf am 31. Dezember 1998. Das Wartehäuschen hatte seine Funktion also bereits im September 1993 verloren...

Bau des Modells

Die Abmessungen des Häuschens stellen nur Richtwerte dar und entstanden nach Vorbildfotos; für den Maßstab 1:87 dürften folgende Hauptabmessungen der Wände gelten: Breite 50 mm, Tiefe 35 mm, Traufhöhe 30 mm, Firsthöhe 45 mm.

Als Baumaterial bietet sich wiederum etwa 1 mm starke Pappe an. In die vier Seitenteile – vorn befindet sich in der Mitte eine Tür-, hinten eine Fensteröffnung – werden mit einer Schneidfeder waagrechte Bretterfugen eingeritzt (Abstand in H0 ca. 1 mm), die Öffnungen erhalten dann innen Verstärkungen durch dünne Holzleistchen und die „Bretter" einen Anstrich mit brauner Plaka-Farbe. Das Dach besteht ebenfalls aus Pappe, die mit Dachziegelpapier beklebt wird. Falls kein passender Dachfirst in der Bastelkiste vorhanden ist, kann dieser auch aus einem entsprechend befeilten dünnen Holzleistchen angefertigt werden.

Damit wäre das Häuschen schon im Rohbau fertig; an Feinarbeiten fallen noch an:
- Anbringen von Dachrinnen und Ablaufrohren.
- Andeuten von je drei waagrechten Dachbalken an den beiden Giebelseiten.
- Fahrplankasten entweder direkt am Häuschen oder separat an einem Pfahl.
- Dachständer für Stromanschluss (eventuell in der Bastelkiste vorhanden).

Das Wartehäuschen kleben wir auf einen mit Pflasterfolie versehenen Boden. Die Nachbildung einer Inneneinrichtung (Bänke) ist wegen der kleinen Öffnungen nicht notwendig; zur Auf-

Ho-Modell des Wartehäuschens von Melkendorf von der Gleisseite aus gesehen

lockerung dürften besser einige Figuren vor dem Wartehäuschen beitragen. Wer möchte, kann auch daneben eine Fernsprechbude aufstellen, dazu eignen sich beispielsweise für die Baugröße H0 Modelle der Firmen Bemo oder Vollmer, für TT von Auhagen.

Hauptbauteile des Wartehäuschens:
Obere Reihe: Vorder- und Rückseite.
Untere Reihe: Stirnseite; Dachhälfte (beide Teile sind je zweimal notwendig)

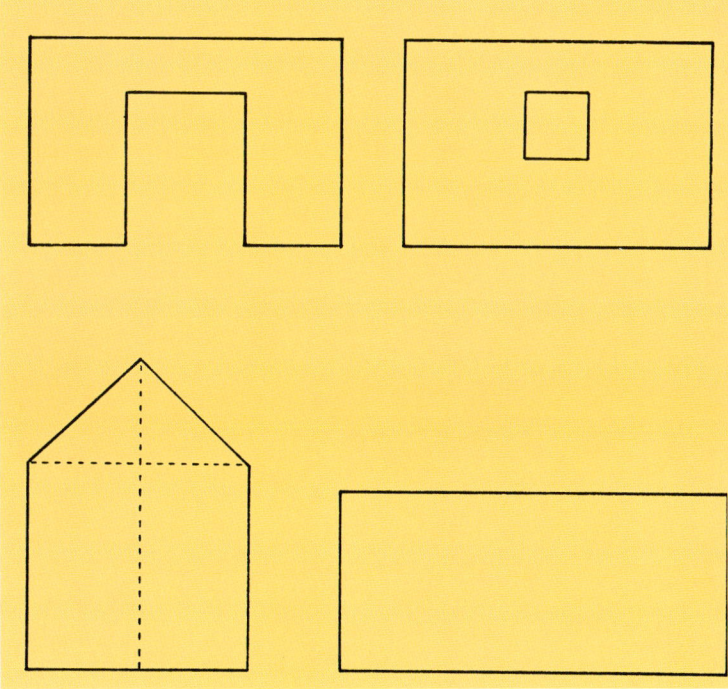

Neben den Gleisen

Kleiner Zug an der Wand

Vor der sterilen „Modernisierungswelle" konnte man auf Bahnhöfen besonders in der vormaligen DDR und CSSR nicht selten Ausschmückungen sehen, die von örtlichen Eisenbahnerinnen und Eisenbahnern stammten und mit geringem Materialeinsatz Fahrgäste erfreuten, wie das Beispiel aus dem tschechischen Bahnhof Dubí (Eichwald) am Südhang des Erzgebirges zeigt.

Auf der Bahnsteigseite des Empfangsgebäudes verlief in ungefähr zweieinhalb Metern Höhe ein waagrechter Sims, auf dem man aus Stein und Holz eine Lokomotive und mehrere Güterwagen plastisch modellierte. Natürlich genügt hier in den Baugrößen ab H0 eine rein zeichnerische Andeutung, doch für größere Maßstäbe könnte man sich durchaus mit detaillierteren Arbeiten versuchen. Das Foto zeigt zudem typisch tschechische Bahnhofs-Aufschriften wie VÝCHOD (Ausgang), CEKÁRNA (Warteraum), VÝDEJNA JÍZDENEK (Fahrkartenausgabe) und die typischen Richtungstafeln (SMĚR). Da Dubí ein Durchgangsbahnhof in Spitzkehrenform ist, erfolgt die Ausfahrt der Züge sowohl nach Most (Brüx) als auch nach Moldava (Moldau) in der gleichen Richtung.

Kleiner Zug am Bahnhofsgebäude von Dubí (25. April 1993)

Verlängerter Schilderpfosten

Eine RB Nürnberg – Ansbach (Zuglok ist die 143 036) fährt im Januar 2000 in den Haltepunkt Roßtal Wegbrücke ein. Links sehen Sie am Hang das Stationsschild mit zwei besonders langen Pfosten

Verlängerter Schilderpfosten

Ungünstige örtliche Geländeverhältnisse erfordern bisweilen auch außergewöhnliche Lösungen bei einfachen Dingen, wie ein Stationsschild im Haltepunkt Roßtal Wegbrücke an der Hauptstrecke Nürnberg – Ansbach zeigt. Die Station mit ihren beiden Seitenbahnsteigen liegt teilweise in einem Einschnitt, teils auf einem Damm, der steil in Richtung Ort abfällt. Wegen besserer Erkennbarkeit baute die Bahn dort schräg zum Gleis angeordnete Stationsschilder (vgl. auch Abschnitt über das Wartehäuschen Melkendorf), deren beide Tafeln an insgesamt drei Pfosten befestigt sind. Der gleisnähere ist normal ausgeführt, doch die beiden anderen mussten wegen das steilen Hanges beträchtlich verlängert werden. Hand aufs Herz: Hätten Sie ohne weiteres gewagt, eine solch unkonventionelle Lösung auf Ihrer Modellbahnanlage vorzusehen?

Neben den Gleisen

Erhöhter Bahnsteig mit Stufen

Für die Fahrgäste stellen Bahnsteige als Verbindung von und zu den Reisezugwagen ein wichtiges Kriterium der Beförderungsqualität dar. Während in Ländern wie Großbritannien schon frühzeitig hohe Bahnsteige zum leichteren Ein- und Aussteigen entstanden, sah es in Mitteleuropa schlechter aus. Namentlich die einstigen Bahnverwaltungen in Bayern, Württemberg oder im alten Österreich-Ungarn ließen in der Regel nur sehr niedrige Bahnsteige errichten – und oft wiesen diese nicht einmal befestigte Kanten auf, sondern bestanden lediglich aus fest gestampfter Erde.

Spätestens seit den 70er Jahren begann man vielerorts, solche eklatanten Mängel zu mildern; aus finanziellen Gründen kam jedoch ein völliger Bahnsteigneubau nur selten in Frage. Im Bf Sinzing an der eingleisigen

Erhöhter Bahnsteig mit Stufen

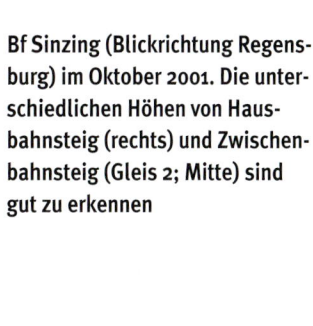

Bf Sinzing (Blickrichtung Regensburg) im Oktober 2001. Die unterschiedlichen Höhen von Hausbahnsteig (rechts) und Zwischenbahnsteig (Gleis 2; Mitte) sind gut zu erkennen

Hauptstrecke Regensburg – Ingolstadt ist dazu eine interessante Lösung zu finden, die auch für den Modellbau geeignet sein könnte:

Nachträglich erhöhter Bahnsteig am Gleis 2 im Bf Sinzing. Am Übergang vor dem Empfangsgebäude (im Rücken des Fotografen) wird Gleis 1 „niedrig" überquert, bevor es dann drei Stufen aufwärts geht
(Foto vom Oktober 2001).

Die Höhe des Zwischenbahnsteigs von Gleis 2 wurde in etwa verdoppelt. Da jedoch der Zugang weiterhin schienengleich über Gleis 1 erfolgt und dort der Bahnsteig niedrig blieb, musste man am Übergang drei Stufen errichten, um auf den höheren Bahnsteig zu gelangen. In Sinzing haltende Reisezüge werden deshalb nicht mehr über Gleis 1 geleitet; eine solche betriebliche Restriktion wäre dann auch auf Ihrer Modellbahnanlage notwendig!

Einen etwas anderen Weg gingen die Schweizerischen Bundesbahnen (SBB) im Bahnhof Küssnacht östlich von Luzern. Weil das erste Gleis direkt vor dem Empfangsgebäude weiterhin dem Ortsgüterverkehr dient, kam ein vollständig hoher Bahnsteig am benachbarten Hauptgleis 2 nicht in Frage. Als Kompromiss errichtete man aus Betonfertigteilen eine schmale Erhöhung für die nahezu gesamte Bahnsteiglänge – quasi eine einzige lange Stufe.

Neben den Gleisen

Die im Haupttext auf der Vorseite geschilderte Situation im Bahnhof Küssnacht der SBB

Schutzgeländer für Weichenlaternen

Von seltenen Einzelfällen einmal abgesehen, sind Weichenlaternen bzw. Weichensignale in niedriger Bauweise ausgeführt. Während dies auf nicht allgemein zugänglichem Bahngelände keinen besonderen Schutz erfordert, kann es vor allem in zwei Situationen zu Problemen mit Personen oder Fahrzeugen kommen:

Weichenlaternen direkt am Rande von Ladestraßen können leicht von Lastwagen umgefahren oder zumindest beschädigt werden, und Laternen im unmittelbaren Bahnsteigbereich stellen unter Umständen eine Gefährdung von Reisenden dar. Im ersten Fall genügen in der Regel mehrere um die Laterne aufgestellte Pfosten als Schutz, doch scheinen in Bahnsteignähe Geländer die bessere Lösung darzustellen.

Ein gutes Beispiel dafür finden wir im kürzlich modernisierten Bahnhof Hersbruck (links der Pegnitz) an der Linie Nürnberg – Amberg, der unter anderem zwei neue Bahnsteige mit schienenfreien Zugängen (Fußgängertunnel) erhielt. Auf der Seite des Empfangsgebäudes schließt an den Hausbahnsteig eine geteerte Fläche an, die einen weiteren Zugang zum Vorplatz bietet. Am Ende dieser Fläche zweigt zum früheren Güterschuppen ein Stumpfgleis mit einer einfachen handbedienten Weiche ab, deren Laterne in den der Öffentlichkeit zugänglichen Verkehrsraum ragt. Die gewählte Lösung dürfte einen guten Schutz gewähren und nicht zuletzt für Modellbahner interessant sein. Mit Betonfertigteilen ließ die DB auf drei Seiten die Weichenlaterne „umbauen" und gleichzeitig darauf ein Schutzgeländer montieren. Vermutlich wegen Einhaltung des Lichtraumprofils für Schienenfahrzeuge wurde das gelb lackierte Geländer dort abgeschrägt. Wenn auch im Kleinen ein Löten des Geländers nicht jedermanns Sache sein wird, finden sich in der Bastelkiste bestimmt Kunststoffteile, die einen Nachbau leichter möglich machen.

Das zierlich wirkende Schutzgeländer um eine Weichenlaterne, aufgenommen Ende 2001 im Bahnhof Hersbruck (links der Pegnitz)

Neben den Gleisen

Toilettenhäuschen

Sie gehörten früher ganz einfach zu einer Bahnhofs- oder Haltestellenausstattung: Die Rede ist von Toilettenhäuschen. Meist befanden sich für die Reisenden keine Toilettenanlagen innerhalb der Stationsgebäude, sondern etwas außerhalb. Vergessen wir nicht die damals in der Regel fehlenden Kanalisationsanschlüsse – auch dieser Aspekt sprach für eine räumliche Trennung! Während an wichtigeren Stationen die Toilettenhäuschen aus Mauerwerk errichtet wurden, waren bei Kleinbahnen eher hölzerne Bauten vorzufinden, besonders wenn auch das Bahnhofsgebäude aus diesem Baustoff bestand. Das hier vorzustellende Häuschen wurde einem Vorschlag aus einem über fünfundzwanzig Jahre alten MIBA-Heft nachempfunden, wobei die Maße lediglich Richtwerte darstellen und selbstverständlich leicht abgewandelt werden können. Obschon unter einem Dach befindlich, hatten Frauen- und Männertoiletten natürlich separate Zugänge, die durch eine sogenannte Schamwand getrennt wurden. Um die Anlage herum war ebenfalls eine Wand errichtet, die über dem Boden einige Zentimeter frei ließ. In der „Männerabteilung" befand sich zusätzlich ein kleines, nicht überdachtes (!) Pissoir.

Für den Nachbau bietet sich nicht fasernder Karton an, bei Baugrößen von 0 an aufwärts auch dünnes Sperrholz. Bretterfugen sind hier problemlos einzuritzen. Das Zuschneiden der Bauteile ist durch die geraden Kanten leicht und auch das schwach geneigte Pultdach bereitet keine Schwierigkeiten. Als Dachpappenimitation dient feines Sand- oder etwas raueres Zeichenpapier, das am Schluss dunkelgrau oder schwarz gestrichen wird. Die Farbgebung der Holzwände kann in Gelbbraun,

HO-Modell des Toilettenhäuschens

Rotbraun oder Dunkelgrün erfolgen.

Ebenfalls nicht schwer, aber etwas zeitaufwändiger gestalten sich die in Baugröße H0 20 mm hohen Schamwände. Um Holzlatten anzudeuten, sind an der Oberseite kleine Zacken einzuschneiden. Die Rinne im Pissoir entsteht aus dunkel eingefärbtem Zeichenpapier. Die gesamte Toilettenanlage wird auf einen „Betonsockel" aus starker Pappe oder dünnem Sperrholz geklebt; der Boden nimmt gleichzeitig die insgesamt fünf Pfosten (Vierkanthölzchen) für die Schamwände auf. Kleine Details am Rande: An der Rückseite des Häuschens befindet sich je eine angedeutete Klappe zur Entleerung der Auffangbehälter.

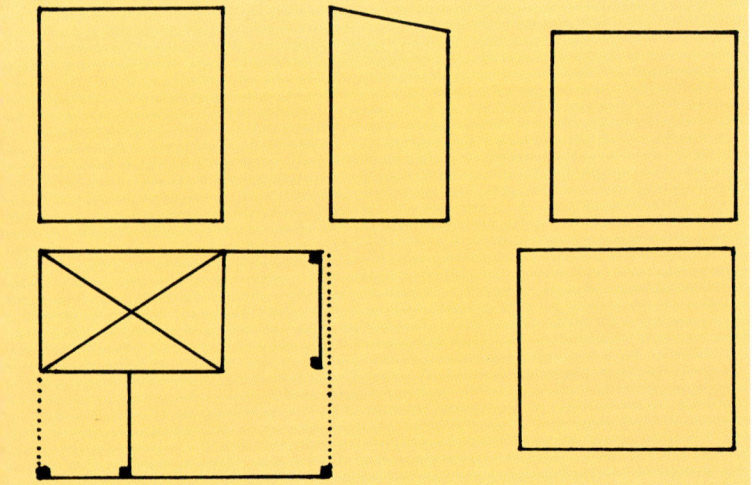

Hauptbauteile des Toilettenhäuschens im Maßstab 1:87
obere Reihe v. l: Vorderwand, Seitenwand, Rückwand
untere Reihe v. l: Gesamtgrundriss, Dach

Unterstellmöglichkeiten für Handwagen

Aus einem Bemo-Bausatz rasch umgebaut ist dieser Wellblech-Unterstand für bahneigene Handwagen (hier ein beladenes Kibri-Modell)

Unterstellmöglichkeit für Handwagen

Jahrzehntelang war es bei den Bahnverwaltungen gang und gäbe, dass auch kleinere Stationen – bisweilen sogar bloße Haltepunkte – mit Beamten oder Bahnagenten besetzt waren. Im verkehrsdienstlichen Bereich hatten diese Eisenbahnerinnen oder Eisenbahner neben dem Fahrkartenverkauf vielfach auch die Abfertigung von Reisegepäck, Expressgut, Stückgut oder sonstigen Frachten vorzunehmen. Dazu besaßen die betreffenden Betriebsstellen zumindest einen größeren Handwagen mit hoher Ladefläche, um die Güter leichter zwischen Zug und Dienstraum bzw. Güterboden transportieren zu können.
Nachdem es von der Firma Kibri schon lange für die Baugrößen H0 und N schöne Modelle von Bahnsteigwagen gibt, liegt es nahe, ihnen im Kleinen für die Epochen 1 bis 3 eine geeignete Unterstellmöglichkeit zu schaffen. Da die Wagen nicht immer im Dienstgebäude oder Güterschuppen Platz fanden, entstanden beim Vorbild häufig kleinere, an einer Seite offene Unterstellhäuschen in der Nähe des Empfangsgebäudes oder am hinteren Rand des Bahnsteigs.
Die bauliche Ausstattung war höchst unterschiedlich – der Phantasie des Modellbahners sind eigentlich kaum Grenzen gesetzt. Eine besonders einfache, aber effektvolle Möglichkeit bietet sich für den Maßstab 1:87 durch Verwendung von Teilen eines Bausatzes der Firma Bemo. Unter der Artikelnummer 6501 000 gibt es dort eine Packung mit je zwei Telefon- und Wellblechbuden; aus letzterer kann leicht ein Unterstellhäuschen für Handwagen oder ähnliches entstehen.
Als erstes entfernen wir mit einer feinen Säge oder einem Bastelmesser die Stirnwand bis zur durchgehenden oberen Querstrebe und glätten anschließend die Schnitt- bzw. Sägestellen. Wegen der nun großen Öffnung benötigt die Bude keinen Ofen, so dass der Dachkamin überflüssig ist; das kleine Loch dafür wird mit einem Stückchen grau gefärbten Papier verschlossen. Ob wir gemäß der Bemo-Bauanleitung alle drei Fenster einsetzen oder teilweise mit Füllmaterial aus der Bastelkiste verschließen, wäre letztlich eine reine Geschmacksfrage. Jedenfalls stehen nun die Handwagen nicht mehr direkt im Freien!

Kleiner Holzschuppen

Zwar ohne konkretes Vorbild, doch „zeitlos" für die Epochen 2 und 3 zeigt sich ein kleiner Holzschuppen mit flach nach hinten geneigtem Pultdach; derartige Bauten waren sowohl am Rande von Ortsgüteranlagen, an Gleisanschlüssen oder auch in Gewerbe-Arealen zu finden.

Der Nachbau ist recht problemlos, einzig die an den Wänden aufgesetzten Nachbildungen von senkrechten Holzlatten mittels Pappstreifen erfordern etwas Zeit. Zur Auflockerung bietet sich an, die Tür geöffnet darzustellen. Das Karton- oder Sperrholzdach erhält eine Teerpappenimitation aus schwarzgrau gefärbtem feinen Schleifpapier oder etwas rauerem Zeichenpapier. Eine Dachrinne an der Rückwand wäre dann unnötig, wenn das Gelände dahinter nicht normal zugänglich ist. Die Maße eines solchen Schuppens können ziemlich frei gewählt werden. Originalabmessungen von 5 m Breite, 2 m Tiefe und – an der Vorderseite –

Der Schuppen als HO-Modell in Pappbauweise   Foto: Ilona Werner

2 m Höhe scheinen eine brauchbare Wahl darzustellen. In kleineren Maßstäben, etwa 1:160 oder 1:220, kann auf die geschilderte Nachbildung der Latten verzichtet werden – hier genügen wohl eingeritzte Bretterimitationen.

Behelfsmäßige Kleinbekohlung

In Bahnhöfen von privaten Neben- oder Schmalspurbahnen wurde aus Kostengründen oft improvisiert, so auch bei Behandlungsanlagen für Dampfloks. Provisorien hielten sich nicht selten jahrelang. Wenn die hier gezeigte Kleinbekohlung – entstanden aus ausgemustertem normalspurigen Rollmaterial – auch kein konkretes Vorbild aufweist, wirkt sie für die Epochen 2 und 3 doch realistisch.

Als Basis dient ein Hochbordwagen, von dem wir lediglich den (Kunststoff-)Aufbau benötigen. Auf einer Seite werden die Türen ausgesägt. Mit Hilfe feiner Sägeblätter und Bastelgeschick können unter Umständen sogar die Türflügel „gerettet" und dann in geöffnetem Zustand dargestellt werden. Die Lagerung des Wagenoberteils erfolgt entweder direkt auf dem Anlagenboden oder auf zusätzlichen Holzbohlen. Weitere passende Ausschmückungsteile bekommen wir im Fachhandel oder aus der Bastelkiste.

Improvisierte Kleinbekohlung, entstanden aus einem ausgemusterten Hochbordwagen

Einfaches Lademaß

Bis in die Siebzigerjahre hinein bildeten Lademaße für Ortsgüteranlagen ein typisches und gleichzeitig wichtiges Requisit – fehlende Profilfreiheit bei Wagenladungen kann ja leicht zu Unfällen führen. Da es mehrere „Profilklassen" gibt, nehmen Lademaße in der Regel auch darauf Rücksicht und besitzen bewegliche Flügel.

Allerdings kamen auf kleinen Stationen in den Anfangsjahren des 20. Jahrhunderts auch höchst einfache Lademaße zur Anwendung, mit denen lediglich ein einziges Lichtraumprofil überprüft werden konnte. Demzufolge besaßen solche Lademaße keine beweglichen Teile und konnten höchst simpel hergestellt werden: Zwei senkrechte Röhren neben den Schienen waren durch einen Metallbogen, der die obere Profilgrenze darstellte, miteinander verbunden. Im Laufe der Jahre ersetzten die Bahnverwaltungen die meisten jener Lademaße durch aufwändigere, bewegliche Konstruktionen - und nur auf kleinen Bahnhöfen sollten die alten Bauarten länger überleben.

An der Ladestraße eines kleineren Modell-Bahnhofs macht das einfache Lademaß keine schlechte Figur

Ein solches Lademaß war noch 1971 auf dem Stumpfgleis des oberfränkischen Bahnhofs Lichtenberg zu finden. Ursprünglich eine kleine Haltestelle an der 1901 eröffneten Nebenstrecke Marxgrün – Blankenstein/Saale („Fränkische Höllentalbahn"), wurde Lichtenberg im Juli 1945 durch die Grenzziehung zwischen amerikanischer und sowjetischer Besatzungszone zur Endstation. Auf westdeutscher Seite blieb der Reiseverkehr ab Marxgrün eingestellt, nur ein bescheidener Güterverkehr hielt sich bis Mai 1971.

Im Modell bereitet der Bau dieses Lademaßes wenig Schwierigkeiten. Die senkrechten Rohre lassen sich aus dünnen Rundhölzern oder Metallröhrchen herstellen, darüber kommt ein gleichmäßig gebogener Draht. Dessen Übergang zu den beiden Röhren glätten wir mit etwas Spachtelmasse und streichen an-

Kurz nach der Stilllegung zeigte sich der Bf Lichtenberg/Ofr. am 20. September schon recht „verkrautet" – um das Lademaß sprießt eine üppige Vegetation. Wenige hundert Meter weiter endete dann die Bahnlinie an der damaligen Grenze zur DDR

Neben den Gleisen

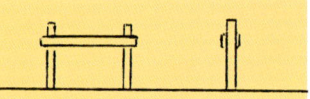

Breit- und Schmalseite des Hemmschuhständers im Ho-Maßstab

Auf einer früheren HO-Anlage des Verfassers fanden sich an der Ladestraße auch das einfache Lademaß und ein kleiner Hemmschuhständer wieder
Foto: Ilona Werner

Was wird sich wohl alles in der Kiste befinden?

schließend alles in einem mattschwarzen Farbton. Die beiden niedrigen Sockel werden aus Holz gefertigt und grau eingefärbt.

Hemmschuhständer

Für Ortsgüteranlagen der Epochen 2 bis 4 ist rasch ein kleiner Hemmschuhständer gebastelt, an dem die momentan nicht benötigten Hemmschuhe aufgehängt werden können. Aus Holz- oder Kunststoffprofilen sägen wir zwei passende Stützen ab und verbinden diese gemäß Skizze auf beiden Seiten mit einem Kartonstreifen.

Große Werkzeugkiste

Um sperrige Werkzeuge vor allem der Bahnmeistereien geschützt und sicher aufzubewahren, wurden diese bei Bauarbeiten häufig in größeren Werkzeugkisten aus Holz gelagert. Solch schwere Kisten wiesen dann an den Längsseiten für den Transport Träger auf. Charakteristisch sind die zu öffnenden Deckel, doch ansonsten gab es vielfältige Formen und Abmessungen solcher Behältnisse.

Unser Beispiel zeigt eine für die Epoche 3 geeignete Kiste, die im Modell aus Karton entstand und deren Oberseite als eine Art „Frackdach" ausgebildet ist. Das Einritzen der Bretterfugen mit einer Schneidfeder geht wie das Zusammenkleben der Einzelteile rasch vonstatten. Für die Farbgebung wurde Gelb gewählt, obschon natürlich auch „schmutzigere" Anstriche weit verbreitet waren. Aber was spricht dagegen, dass unsere Miniatur-Eisenbahner einen etwas besseren Arbeitsschutz durch auffällige Farben genießen? Die Berufsgenossenschaft jedenfalls wird es danken.

Prellböcke

Merkpfähle zur Lage der Pufferbohle

Zwischen festen Prellböcken – etwa aus Beton oder Holzbohlen, die an einem Kern aus Erdreich bzw. Steinen liegen – und aufwändigen Bremsprellböcken, zu finden beispielsweise in größeren Kopfbahnhöfen, nehmen Prellböcke mit schwacher Bremswirkung eine Mittelstellung ein. Hier ist die Stahlkonstruktion des Prellbocks nicht mit den Gleisen verschraubt oder verschweißt, sondern liegt verschiebbar an den Schienen. In gewissen Grenzen kann ein solcher Prellbock Stöße von Fahrzeugen auffangen,

Merkpfähle am Prellbock des Melkendorfer Ladegleises (27. März 1982)

ohne diese zu beschädigen. Nach jedem Auftreffen eines Fahrzeugs wird sich allerdings der Prellbock etwas nach hinten in Richtung Gleisende verschieben. Um nun die dafür maßgebende Grenze zu markieren, stellte die DB neben solchen Prellböcken zwei gelbe Pfähle auf, innerhalb dieser sich die Pufferbohle des Prellbocks befinden muss, um einen sicheren

Prellbock am Güterschuppengleis des Bahnhofs Volkach/Main; der hintere Merkpfahl ist durch den davor stehenden Eisenbahnfreund verdeckt (19. April 1986)

Neben den Gleisen

Prellbock mit einem einzigen gelben Markierungspfahl im Bahnhof Halle-Trotha, wo die S-Bahn aus Richtung Halle Hbf stumpf und ohne Verbindung zur Fernbahn am Gleis 1 endet (20. März 2002)

Betrieb zu gewährleisten. Nötigenfalls ist der komplette Prellbock – etwa durch eine Rangierlok – wieder in die richtige Lage zurückzuziehen.

Neuerdings scheint allerdings auch ein einziger Pfahl auszureichen, hinter dem sich die Prellbock-Pufferbohle nicht befinden darf. Im Modell können wir die Situation leicht nachbilden: Dünne Kunststoff- oder Drahtstückchen finden sich in jeder Bastelkiste und brauchen nur noch gelb eingefärbt zu werden. Der Abstand der Pfähle zueinander dürfte beim Vorbild etwa 50 cm betragen bzw. betragen haben. Für die Aufstellung der gelben Pfähle geeignete Modellprellböcke führen viele Hersteller in ihren Programmen, stellvertretend genannt seien Märklin, Fleischmann, Roco, Tillig oder Trix.

Ausgesprochen schlank waren die Merkpfähle an diesem Prellbock im Bahnhof Bayreuth-Altstadt (13. Oktober 1982)! Hinter dem Fotografen gabelte sich einst die Bahnlinie in die Äste nach Thurnau und Hollfeld

Halb verschütteter Stahlprellbock

Wer kennt die Situation nicht: Da geht ein Modell teilweise kaputt, oder bei der Montage eines Bausatzes klappt nicht alles, wie es sein sollte. Aber mitunter lassen sich auch leicht lädierte Modelle noch sinnvoll einsetzen, schließlich macht es auch der Großbetrieb manchmal vor.

Im Bahnhof Tangermünde fand sich 1992 an einem Nebengleis ein nicht alltägliches Prellbock-Stillleben. Neben einem hohen Baum ragte aus einem flachen, grasbewachsenen Erdhügel das Oberteil eines betagten Stahlprellbocks heraus, an dessen Bohle sich sogar Puffer befanden. Das eigentliche Gleisende lag etliche Meter weiter vorn am Beginn der „Verschüttung".

Zwei durch eine Spurstange verbundene Hemmschuhe und ein vergammeltes, an einem dicken Pfosten befestigtes Sperrsignal symbolisierten den Gleisabschluss. Ein etwas schneller auflaufendes Fahrzeug hätte wohl die Spurstange „mitgenommen", wäre dann aber durch die Erde zum Stehen gekommen. Doch in der Praxis war auf diesem Stumpfgleis sicher schon lange kein Wagen mehr so weit in Richtung Prellbock gerollt!

Eine Nachgestaltung im Modell ist einfach umzusetzen. Beim Prellbock können wir dieses Mal die Puffer an der Bohle befestigt lassen. Das Gleis und dessen Umgebung werden mit einer

Der Gleisabschluss im Bahnhof Tangermünde (25. April 1992)

dünnen Styroporschicht abgedeckt, bevor wir alles mit Spachtelmasse ausschmieren. Nach dem Trocknen kann der Graswuchs imitiert werden und im Anschluss daran folgt die abschließende Detaillierung (Spurstange, Sperrsignal) mit Teilen aus userer viel zitierten Bastelkiste.

Neben den Gleisen

Einfacher Betonprellbock

Zwar sieht man ihn in Deutschland nicht mehr oft, doch in Frankreich, Italien oder Belgien sind Prellböcke aus solch massi-

Der einfache Betonprellbock als Modell. Die genaue Höhe richtet sich nach den individuellen Einbauerfordernissen auf der Anlage

vem Material noch recht häufig anzutreffen. Im Gegensatz zur aufwändigeren Prozedur beim Vorbild ist ein Modellprellbock dieser Art schnell hergestellt. Wir nehmen als Kern ein Vierkantholz. In Baugröße H0 beträgt die Länge des Blocks 37 mm, die Breite 32 mm. Die Höhe ist von der Einbaustelle abhängig – die Schienenoberkante sollte der Prellbock jedenfalls noch um ungefähr 20 mm überragen.
Es gibt nun unterschiedliche Ausführungen des Blocks; er kann nahezu quaderförmig, abgerundet oder – wie in unserem Beispiel – teilweise schräg nach hinten abfallend sein. Als Pufferbohle verwenden wir ein Holzprofil und kleben es in passender Höhe an die Vorderseite des Blocks. Farbgebungen: Bohle dunkelbraun, Prellbockkörper betongrau.
Übrigens gibt es beim Großbetrieb sogar Situationen (etwa in Spanien), wo die Bohle - ganz „spielbahnmäßig" – zwei Puffer aufweist. Wenn auch nicht bei Anlagen nach DB- oder DR-Vorbild, so könnte doch auch vielleicht eine deutsche Privatbahn noch eine solche Konstruktion verwenden. Passende Puffer finden sich bestimmt in der Bastelkiste!

Verwaister Betonprellbock

Nach Gleisrückbauten werden in der Regel zwar etwaige Stahlprellböcke mit demontiert, doch ersparen sich die Bahnverwaltungen häufig den Abbau massiver Betonprellböcke. Diese bleiben dann oft noch viele Jahre an den einstigen Ladestraßen stehen, wie unser Beispiel aus Bad Sulza zeigt. Der vormalige Bahnhof wurde schon vor Jahren betrieblich zum Haltepunkt degradiert und verlor sämtliche Nebengleise. An der brach liegenden einstigen Ortsgüteranlage kündet aber noch immer ein Betonblock von regem Bahnbetrieb. Im Kleinen ist solch ein Überbleibsel rasch aus Holz oder auch verspachteltem Styropor angefertigt, denn auf Festigkeit kommt es hier ja nicht mehr an.

Geschmückter Betonprellbock einer Schmalspurbahn

Die beiden oben vorgestellten Prellböcke sind in schlichter Art gehalten, völlig schmucklos und reine Zweckbauten, vor allem für den Abschluss von Gütergleisen. Es gibt jedoch auch ausgesprochen schöne Betonprell-

Schon reichlich hinter Vegetation verschwunden ist dieser massive Betonprellbock an der früheren Ladestraße des Bahnhofs Bad Sulza (10. Mai 2002)

böcke, wie folgendes Beispiel aus Tirol beweist.

Im Bahnhof Jenbach, Durchgangsstation der ÖBB-Hauptstrecke Kufstein – Innsbruck, liegen zwei interessante schmalspurige Privatbahnen: die Zillertalbahn mit 760 mm Spurweite und die meterspurige Achenseebahn. Letztere findet sich an der Nordseite des Staatsbahnhofs und wird im gemischten Reibungs- und Zahnradbetrieb bedient, wobei der Zahnstangenabschnitt bereits an der Jenbacher Bahnhofsausfahrt beginnt. Das Bahnsteiggleis endet kurz vor dem Empfangsgebäude und wird durch einen massiven Prellbock abgeschlossen.

Anders als bei europäischen Normalspurbahnen sind Prellböcke für Schmalspurstrecken analog der Fahrzeuge mit einem einzigen Mittelpuffer versehen, so auch im Jenbacher Achenseebahnhof. Wegen der großen Bedeutung der Achenseebahn für den Touristikverkehr schmückte die Bahnverwaltung den Prellbock am Bahnsteig phantasievoll aus.

Erst einmal erhielt der zuvor triste Betonquader einen freundlichen roten Anstrich und seitliche Holzbretter für Blumenkästen. Auf der Oberseite des Blocks verlegte man zwei kurze Schienenstücke, auf denen ein ansprechend in Schwarz, Rot und Silber lackierter Zahnradsatz Platz fand.

Mit Holz und Teilen aus der viel beschworenen Bastelkiste ist solch ein verfeinerter Betonprellbock ohne größere Probleme herzustellen. Weiterhin interessant: Das Gleis endet bereits kurz vor dem Block durch eine Betonplatte, zudem sind die letzten Gleismeter durch Bohlen abgedeckt. So kann beim Vorbild der Prellbock eigentlich kaum Schaden erleiden, zumal sich wegen des Zahnstangenbetriebs die Lok stets am talseitigen Zugende befinden muss und ein unkontrolliertes Abrollen von Wagen aus dem Gefälleabschnitt kaum möglich ist.

Ausgeschmückter Schmalspur-Prellbock am Ende des Bahnsteiggleises im Jenbacher Achenseebahnhof (Sommer 1998)

Neben den Gleisen

Jahrzehntelang prägten Freileitungen das Bild von Bahnlinien wie hier Ende der Sechzigerjahre an der Bodenseegürtelbahn

Dieser Endmast am Südkopf des Bahnhofs Hilders (Rhön) war sogar mehrfach abgestützt: zweimal mit Holzpfosten und einmal mit

Telefon-Freileitungen

Freileitungen für das Telefon gehörten bei uns bis in die 60er Jahre hinein zum gewohnten Bild an Straßen und nicht elektrifizierten Bahnlinien. So verwundert es nicht, wenn entsprechende Maste – der Fachausdruck lautet „Stützpunkte" – schon frühzeitig in Zubehörsortimenten für Modellbahnen auftauchten; denken wir nur an die schon sehr lange auf dem Markt befindlichen H0-Maste nach württembergischen Vorbild der Firma Vollmer. Inzwischen bieten auch andere Hersteller wie Auhagen, Brawa oder Preiser solche Artikel an, so dass ein völliger Selbstbau wohl nur noch selten lohnen dürfte. Daher bezieht sich dieses Kapitel mehr auf Abwandlungen bzw. Ergänzungen von Industrieerzeugnissen.

Freileitungen an Bahngleisen

Für die Epoche 3 galten bei der DB für ihre Freileitungen an Gleisen eine Reihen von Regeln, die sinngemäß auch im Modell berücksichtigt werden sollten:

Telefon-Freileitungen

allerdings nur schwach erkennbarem Stahlseil. Vermutlich wies das Erdreich am Hang keine allzu große Festigkeit auf!

Einseitig abgestützter Endmast mit zwei Endverschlusskästen an der Einfahrt des thüringischen Bahnhofs Schleusingen. Als die Aufnahme am 16. März 1991 entstand, waren die beiden Strecken nach Suhl (linkes Gleis) bzw. Ilmenau (rechtes Gleis) noch in Betrieb

- In Kurven stehen die Masten möglichst am Innenbogen.
- Leitungsdrähte müssen von Bäumen und Sträuchern mindestens 2 m entfernt sein.
- Die Aufstellung von Masten ist an Steinbrüchen oder sonstigen Rutschstellen zu vermeiden und in Wassergräben oder Sumpflöchern unzulässig.
- Die Freileitungen sollen geradlinig und nicht im Zickzack verlegt werden; der Wechsel von einer Bahnseite auf die andere ist nach Möglichkeit zu vermeiden.
- Der Mindestabstand von Gleismitte bis zur bahnseitig nächst gelegenen Leitung ist 3 m; dies entspricht in den Baugrößen 0 70 mm, H0 35 mm, TT 25 mm, N 19 mm oder Z 14 mm.
- Kreuzt eine Freileitung den Bahnkörper, sind bei der DB 6 m Mindesthöhe über Schienenoberkante vorgeschrieben.

Endverschlusskästen

Bei Bahn-Freileitungen müssen beispielsweise an Bahnhöfen

Neben den Gleisen

Kleine Bahn – kleine Endverschlusskästen! Im Bahnhof Binz Ost auf der Insel Rügen wurde am 5. Juli 1992 dieser nur wenige Fernsprechleitungen führende Mast aufgenommen

schlusskasten. Die Leitungen verlassen diesen dann als Erdkabel. Eine Nachbildung im Modell ist mit Hilfe von Plaste-, Metall- oder Holzprofilen (die einen schwarz-grauen Anstrich erhalten) nicht schwierig.

Auch Endmasten müssen einen Endverschlusskasten aufweisen. Wenn also die komplette Leitung anschließend unterirdisch weitergeführt werden soll, bekommt der letzte Stützpunkt stets einen Endverschlusskasten.

Erdkabel als Freileitung

Eine Herausforderung besonderer Art stellte bzw. stellt noch immer die Nachbildung der

Ein doppelt abgestützter H0-Mast von Preiser wurde mit einfachen Mitteln – Kunststoffprofile, Draht – zum Endmast umfunktioniert
Foto: Ilona Werner

Teile der Leitungen vom Stützpunkt zur eigentlichen Verbrauchsstelle – in der Regel im Dienstgebäude oder Fahrdienstleiterstellwerk – geführt werden; dies erfolgt durch die sogenannten Endverschlusskästen. Von den Traversen führt am Mast eine Röhre oder eine eckige Verkleidung mit Kabeln nach unten und mündet etwa 1 m über dem Boden in den Endver-

Leitungsdrähte dar. Sie ist indes nicht unbedingt notwendig, denn auch im „Großen" sind diese wegen ihrer geringen Stärke oft kaum erkennbar. Beim Vorbild betrug diese je nach Material zwischen vier und zwei mm. Dies wären beispielsweise im Maßstab 1:87 höchstens 5 Hundertstelmillimeter – tatsächlich also kaum nachzubilden. Das gilt natürlich noch mehr für die kleineren Maßstäbe!

Wenn man aber trotzdem etwas „Drahtiges" zwischen den Masten aufhängen will, wären Erdkabel – so komisch es auch klingen mag – dafür möglich. Beim Vorbild wurden ja seit den Sechzigerjahren viele Freileitungen wegen des hohen Unterhaltungsaufwandes abgebaut und durch „echte" Erdkabel ersetzt. In manchen Fällen erfolgte diese Umstellung jedoch nicht bis zur letzten Konsequenz. Zwar verschwanden die dünnen Drähte und meist auch die charakteristischen Mast-Traversen mit den Isolatoren, doch blieben die Maste noch stehen und dienten fortan einem Erdkabel als Stützpunkte. Da dieses durch seine Isolierung einen wesentlich größeren Außendurchmesser besitzt, wirkt eine Nachbildung durch einen dunkel gefärbten Kupferdraht zumindest bis zur Baugröße H0 nicht schlecht. Selbstverständlich sollte man diese „Interimslösung" nur an weniger wichtigen Eisenbahnstrecken oder auch an Straßen im ländlichen Bereich vorsehen.

An der Güterstrecke zum Braunschweiger Nordbahnhof hatte die DB die Freileitungen bereits durch ein hängendes Erdkabel zwischen den einzelnen Stützpunkten ersetzt (Aufnahme im April 1989)

Nochmals die „Erdkabel-Freileitung" an der Güterstrecke östlich des Bahnhofs Braunschweig Nord

Neben den Gleisen

Hier wird die unterschiedliche Stärke von Freileitungsdrähten und Kabeln gut deutlich: Die Licht-Freileitung wird von einer Telefonleitung mit aufgehängtem Erdkabel unterquert. Kaum sichtbare Drähte sind auch ein gutes Argument zum Weglassen im Modell - im Gegensatz zu Kabeln! Aufnahme aus Bad Sulza im Mai 2002

Draisinenschuppen

Das Zeitalter von Draisinen auf Bahnhöfen gehört zwar schon der Vergangenheit an, jedoch macht sich eine solche Szene bei Anlagen der Epochen 2 und 3 immer gut. Draisinen jeglicher Art – Fahrraddraisinen, Handhebeldraisinen oder kleine Motodraisinen – können in passenden Schuppen einen geschützten Platz finden.

Der Draisinenschuppen sollte ein kurzes Stumpfgleis besitzen, das rechtwinklig an einem normalen Nebengleis endet. Beim Vorbild wurden Draisinen ja per Hand auf die Gleise gehievt! Daher muss unser Stumpfgleis keine Stromversorgung besitzen; wir setzen die Draisine ebenfalls „händisch" um. Das für den Maßstab 1:87 zweckmäßigerweise 70 bis 100 mm lange Gleis wird entweder leicht eingeschottert oder mit Brettern bzw. Bohlen aufgefüllt.

Den Schuppen selbst fertigen wir dieses Mal nicht aus Karton, sondern aus handelsüblichen Kunststoffplatten, wie sie unter anderem die Firmen Auhagen, Evergreen, Faller oder Kibri anbieten. Besonders gut dürften sich Evergreen-Platten mit eingefräster Struktur-Bretterimitation eignen. Für die Seitenteile werden ein oder zwei Fenster vorgesehen. Ob wir die Einfahrt auch mit einer Tür versehen, bleibt uns überlassen. Wenn nicht, haben wir den Vorteil, bei geringerem baulichen Aufwand jederzeit das im Schuppen abgestellte Fahrzeug einsehen zu können.

Das Satteldach brauchen wir nicht unbedingt als Ziegel-, sondern können es auch als einfaches Pappdach darstellen. Auch bei der abschließenden farblichen Behandlung haben wir nahezu freie Hand, doch am besten wirkt sicher eine deutliche Alterung – wie beim großen Vorbild eben.

Auf diesem Vorbildfoto aus dem Bahnhof Ebermannstadt geht gut hervor, wie das Gleis des Draisinenschuppens rechtwinklig kurz vor einem „normalen" Bahnhofsgleis endet. Der größte Teil des Ebermannstädter Bahnhofs – einschließlich des kleinen Betriebswerks – gehört übrigens heute der DFS (Dampfbahn Fränkische Schweiz)

Der »Retter der Nebenbahnen«, der VT 95, knattert mit einem Gepäckanhänger durch die Lande

Foto: Volker Großkopf

Neben den Gleisen

Ausrangierter Personenwagen

Ähnlich wie bei der Lokbekohlung fand man früher immer wieder Eisenbahnwagen, die nach ihrer Ausmusterung weiterhin den Bahnverwaltungen für interne Zwecke dienten, wenn auch nicht mehr „rollend". Ausrangierte Personenwagen fanden häufig als Notunterkünfte für das Bahnpersonal oder sogar als Behelfsstellwerke Verwendung. Allerdings – heute sind derartige Relikte kaum mehr zu sehen, so dass sie sich im Modell vor allem für die Epochen 2 und 3 eignen.

Unser Vorschlag basiert auf einem älteren H0-Personenwagen der Firma Piko. Vom Fahrwerk entfernen wir die kompletten Aufnahmen für die Radsätze und schleifen anschließend alles plan; danach werden die Holzleisten als Bohlen angeklebt. Bei einigen der vielen Fenster nehmen wir an, sie seien

„zu Bruch" gegangen und verpassen ihnen entsprechende Abdeckungen aus Papier oder Karton. Nun kann eine vollständige „Alterungs-Lackierung" des Wagenkastens erfolgen. Das Anbringen zusätzlicher Details bildet den Schluss der Arbeiten:

Ausrangierter Personenwagen

Draisinenschuppen im Doppelpack, wenn auch vermutlich zum Zeitpunkt der Aufnahme schon nicht mehr benutzt. Im Bahnhof Alpnachstad der meterspurigen Brünigbahn der SBB konnte man im Herbst 2001 dieses Ensemble aus einem einständigen größeren Schuppen und einem angebauten, ebenfalls für ein Gleis ausgelegten Schutzdach finden. Bemerkenswert ist nicht zuletzt die „Anbindung" der Stichgleise: Links befinden sich sogar innerhalb des „Hauptgleises" Schienen, rechts dagegen dort ausschließlich Holzbohlen

Kamin bzw. Schornstein für den Kanonenofen; aus Draht ein Blitzableiter; Regenrinnen mit Ablaufrohren zur Regenwasseraufbewahrung und nicht zuletzt einige Blumenkästen, damit das „Behelfsheim" doch ein wenig romantisches Flair erhält.

Bilder links
Der ausrangierte Personenwagen als H0-Modell von zwei Seiten betrachtet

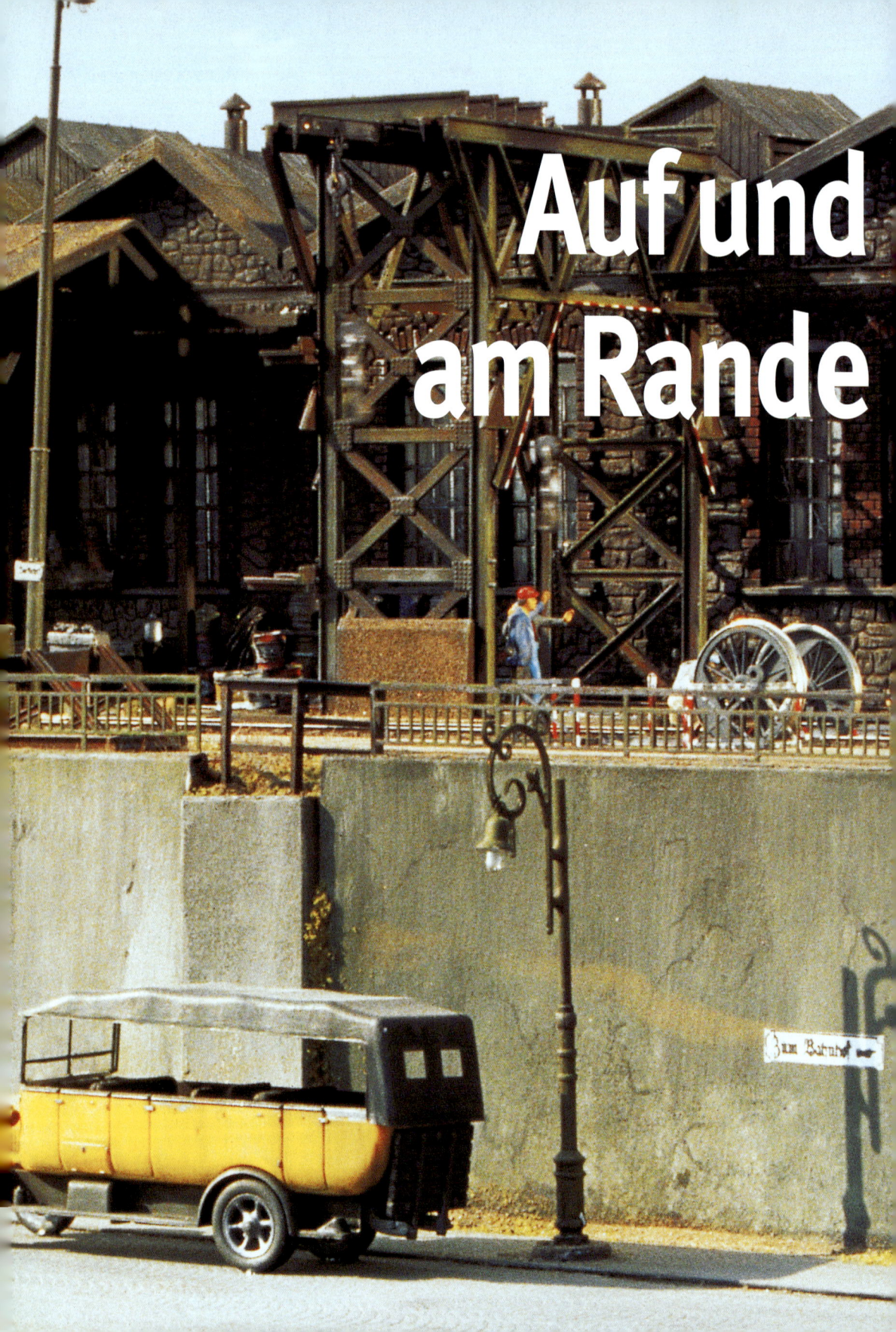

der Straße

Liebevoll gestaltete Straßenszene an einem Bahnhof der Reichsbahnzeit
Foto: Markus Tiedtke

Auf und am Rande der Straße

Nur noch selten finden sich inzwischen in den neuen Bundesländern die gelben oder weiß-roten Maste von Verkehrszeichen. Hier hatte im Juli 2000 in Lehesten (Thüringen) ein altes „Vorfahrt gewähren"-Schild überlebt, wenn auch der Holzmast schon sehr ausgeblichen war. Das Haus im Hintergrund ist übrigens das ehemalige Bahnhofsgebäude in der Schieferstadt; bis 1951 gab es hier Korridorverkehr nach bzw. von Probstzella über das westdeutsche Ludwigsstadt

Bemerkungen zu Verkehrszeichen

Schildermasten in beiden deutschen Staaten

Hier soll es nicht um die richtige Aufstellung von Verkehrszeichen gehen – diese Thema wäre vielleicht sogar eine eigene Veröffentlichung wert –, sondern um die sich im Laufe der Zeit veränderte Art und Farbgebung der Maste. Bis in die späten 1950er Jahre hinein gab es namentlich in ländlichen Gebieten und an Nebenstraßen überwiegend Holzmast-Schilder. Die Vierkantmaste, oben leicht nach hinten abgeschrägt, waren meist weiß, bei Ortstafeln gelb gestrichen. Die Zubehörindustrie fertigt gegenwärtig keine solchen Maste, so dass man beim Selbstbau auf feine Holzleistchen zurückgreifen muss.

Teilweise kamen in den 1950er Jahren in der BRD auch schon recht „opulente" Schilderkonstruktionen zur Anwendung. Auf einen stabilen stählernen Rundmast war oben ein Rahmen in den Grundformen des Verkehrszeichens (dreieckig, rund, bei Ortstafeln rechteckig) geschweißt, in den die Tafel eingeschraubt wurde. Diese Ausführung wird von der Zubehörindustrie angeboten – ein Selbstbau lohnt in diesem Fall also nicht.

Heute besitzen normale Verkehrsschilder in der Regel einen Metall-Rundmast, an den die Tafel mittels Befestigungsschellen angeschraubt ist. Waren anfangs die Maste noch weiß gestrichen, entfiel diese Farbgebung in der BRD sukzessive in den Siebzigerjahren: Die Maste

präsentieren sich nunmehr überwiegend in einem silbergrauen „Metallfarbton".
In der DDR bekamen die Schildermaste häufig differenzierte Farbgebungen. So waren zur besseren Erkennung die Maste von „Vorfahrt-achten"- und „Stop"-Schildern weiß-rot gestreift, das gleiche galt für Warnkreuze an Bahnübergängen. Weiterhin hatten die Vorfahrtstraßen-Zeichen oft einen gelb-weiß gestreiften Mast.

Ungewöhnliche Schilderbefestigungen

Sie kommen zwar nicht allzu häufig vor, doch können sie im „Kleinen" mit geringem Aufwand dem Schilderwald einige zusätzliche Farbtupfer geben.
Bei normalen, an einem Mast befestigten Wegweisern gibt es zwei grundsätzliche Möglichkeiten: Entweder befindet sich der Pfahl unter der Tafelmitte, oder die Tafel ist mit ihrem hinteren Teil so an einem Mast befestigt, dass die Pfeilspitze nach außen zeigt. Mitunter kann es jedoch auch umgekehrt sein! Auf dem Foto aus Nürnberg (S.44) befestigte man den örtlichen Wegweiser mit seinem Vorderteil an einem Laternenmast. Dazu war es notwendig, diesen Teil der Tafel mit einem Rahmen zu versehen, der dann seinerseits an den Mast angeflanscht wurde. Im Modell wäre dies mit dünnen Kunststoff- oder Metallstreifen nachzubilden. Und der Grund für diese Vorbild-Konstruktion? Ausschlaggebend

Im Sommer 1993 besaß dieses „Vorfahrt gewähren"-Schild in Jena noch seinen rot-weiß gestreiften Mast

waren wohl die Sichtverhältnisse, denn eine vom Laternenmast „weg" zeigende Tafel wäre wegen des Buschwerks im Vorgarten und des relativ großen Abstandes zur Hauptstraße von dort aus schlecht sichtbar.

Ungefähr anderthalb Kilometer weiter brachte die Stadt Nürnberg eine höchst aufwendige Schilderbefestigung an einer Verkehrsampel an. Von dieser aus führen zwei Metallrohre waagrecht nach „außen", wo

Auf und am Rande der Straße

Äußerst kompliziert, diese Schilderbefestigung am Nürnberger Südfriedhof! Wegen des Gehsteigs verzichtete man auf einen separaten Schilderpfosten und montierte alles an die Verkehrsampel

etwa 50 cm vom Ampelmast entfernt der eigentliche kurze Schildermast beginnt. Dieser trägt zwei Verkehrszeichen und darüber zwei Straßennamensschilder; diese sind außerdem (Straßenabzweig!) rechtwinklig zueinander angeordnet. Für die Nachgestaltung eignen sich dünne Plastikstäbchen oder Drahtstücke; unter Umständen sind auch Teile von Wegweiser-Umrahmungen aus Verkehrszeichenpackungen – etwa von der Firma Faller – als Grundlage zu verwenden.

Warnkreuze – längs oder quer?

Die in Deutschland in den Dreißigerjahren (Epoche 3) eingeführten Warnkreuze an Bahnübergängen wiesen ursprünglich generell quer liegende Kreuze auf. In der BRD änderte dies erst ein Erlass vom Februar 1954, indem bei unbeschrankten Bahnübergängen das Warn-

Bemerkungen zu Verkehrszeichen

Bild Seite 44:
Gelb gestrichene Schildermasten 1992 in Putbus: links ein „Vorfahrtsstraße"-Zeichen, rechts ein Vorwegweiser

Bild links:
Der Wegweiser zum Evangelischen Gemeindezentrum in Nürnberg-Falkenheim wurde „mit der Spitze voraus" an einem Laternenmast befestigt

kreuz um 90 Grad gedreht und tiefer gesetzt wurde; die unteren Flügelteile lagen nun zwecks besserer Sichtbarkeit bei Nacht (Höhe der Autoscheinwerfer!) bis herab zu etwa einem Meter über der Fahrbahnoberfläche. Allerdings waren weiterhin Ausnahmen dort zugelassen, wo es örtliche Verhältnisse geboten: So konnten bzw. können wenig übersichtliche Kurven oder Verletzungsgefahr für Fußgänger durch die Flügelenden eine höhere Montage der Warnkreuze erfordern. Am Omnibusbahnhof in Plauen beispielsweise wird die Wendeschleife der Straßenbahn durch eine Straße mit einseitigem Gesteig gekreuzt; jenes Warnkreuz wurde deshalb leicht erhöht in waagrechter Lage montiert.

Sperrschild und Pfähle

Doppelt genäht hält besser, dachte man sich wahrscheinlich in Töging an der Altmühl. Auf

Neues, quer liegendes Warnkreuz am Omnibusbahnhof in Plauen/Vogtland. Für die Gegenrichtung, wo kein Bürgersteig besteht, ist das Warnkreuz dagegen normal, d.h. senkrecht, angeordnet

Auf und am Rande der Straße

der Trasse der 1967 stillgelegten Bahnlinie Beilngries – Dietfurt wurde stellenweise in der Folgezeit ein kombinierter Rad- und Fußweg angelegt, der allerdings innerhalb von Töging auch zum Teil für Anliegerverkehr freigegeben war. Offenbar benutzten dort aber besonders dreiste Kraftfahrer den Radweg als Abkürzung, so daß man an manchen Stellen zusätzliche Sperrpfähle in die Fahrbahn einließ. Die Situation am westlichen Ortsrand von Töging stellt gleichzeitig ein nettes Gestaltungsdetail für Modellbahnen oder Dioramen dar: Hinter dem Sperrschild folgen zwei Absperrpfosten und eine weiße Fahrbahnmarkierung macht zusätzlich auf die Verengung aufmerksam.

Sperrschild, Absperrpfosten und Straßenmarkierung auf dem Rad- und Fußweg bei Töging/Altmühl (September 1999)

Aufgemalte Schulwegsicherungen

Der ständig zunehmende Straßenverkehr erforderte schon frühzeitig ergänzende Sicherungen für Schulkinder, wobei unter anderem Schülerlotsen an ausgewählten Fußgängerüberwegen eine Rolle spielten und noch immer spielen. Seit den Siebzigerjahren, also ab der Epoche 4, kamen in der BRD auch Gehwegmarkierungen für Schulkinder dazu. Mit gelben (anfangs weißen) Punkten werden seither vielerorts bestimmte Wege unter dem Gesichtspunkt der Verkehrssicherheit versehen, wobei die Fahrbahnüberquerungen noch mit besonderen Symbolen versehen werden. Im Modell sind zumindest die Punktmarkierungen leicht auf Bürgersteigen nachzubilden und bringen im wahrsten Sinne des Wortes zusätzliche Farbtupfer auf die Miniatur-Anlage.

Schulwegmarkierung in der Wickenreuther Allee in Kulmbach (Mai 2002)

Spiegel im Verkehr

Im Großen ein wichtiger Beitrag zur Erhöhung der Sicherheit an unübersichtlichen Einmündungen, sind Verkehrsspiegel im Modell nur wenig anzutreffen. Dabei ist ihre Herstellung meist nicht allzu schwierig! In der gewünschten Größe wird der Umriss auf einen weißen Karton (Stärke für Baugröße H0 maximal 0,5 mm) gezeichnet und mit einem rot-weißen Rand verse-

Spiegel an einer Ausfahrt nahe der Polizeiwache Nürnberg Süd

Bild oben:
Spiegel am Bahnsteig des Haltepunktes Bad Sulza Nord (Strecke Großheringen – Sömmerda), Blickrichtung Großheringen (Mai 2002)

Bild rechts:
Etwas kleiner als die Spiegel für den Kfz-Verkehr ist dieser Straßenbahnspiegel an der Haltestelle Nürnberg-Trafowerk gehalten

Auf und am Rande der Straße

Diesmal keine Tulpen aus Amsterdam, sondern ein Spiegel an einer unübersichtlichen Grachten-Abzweigung (August 2000)!

hen. In das Innere kleben wir ein Stück passend zugeschnittenes silbernes Stanniolpapier, wie es beispielsweise bei Süßwarenverpackungen vorkommt. Es ist lediglich darauf zu achten, dass keine Knicke oder Falten zu sehen sind. Abschließend erfolgt noch das Anbringen eines Pfostens aus der Bastelkiste, wobei der Spiegel in der Regel nicht senkrecht, sondern leicht schräg nach vorn geneigt befestigt wird.

Die Größe der Spiegel variiert beim Vorbild. Für den Maßstab 1:87 bieten sich etwa für die Normalausführung im Kraftfahrzeugverkehr die Außenmaße 10 x 8 mm an. Auf etwas kleinere Spiegel trifft man mitunter bei der Straßenbahn, wie das entsprechende Foto aus Nürnberg zeigt. In der DDR wiesen Verkehrsspiegel normalerweise eine kreisrunde Form mit breiterem rot-weißen Rand auf – die Übertragung ins Modell ist dadurch allerdings etwas schwieriger.

Seit dem zunehmenden Einmannbetrieb auch bei Eisenbahnen im Zusammenhang mit unbesetzten Stationen sind für einen sicheren Betrieb auch dort am Bahnsteig nahe des Halteplatzes der Zugspitze Spiegel notwendig. Durch sie kann der Triebwagenführer das Ein- und Aussteigen der Fahrgäste von seinem Platz aus überwachen.

Übrigens beschränken sich Spiegel im Verkehr nicht nur auf Straße und Schiene – in Amsterdam hat man beispielsweise sogar gefährliche Einmündungen an Grachten, auf denen regelmäßig Fahrgastschiffe verkehren, mit Spiegeln versehen!

H0-Modell eines Verkehrsspiegels

Straßenbegrenzungen

Steine und Bäume

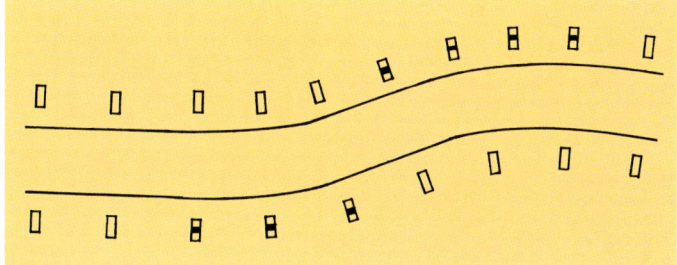

Schematische Anordnung von „blanken" Begrenzungssteinen und solchen mit weiß-schwarzem Oberteil

An den wichtigeren Landstraßen standen seit den 1920er bis in die frühen 1960er Jahre hinein Begrenzungssteine, soweit keine Baumalleen vorherrschten. Die relativ großen Steine – meist aus Granit – gab es später in zwei Grundausführungen: einmal farblich unbehandelt, zum anderen mit weiß gestrichenem Oberteil, das durch einen breiten schwarzen Querstreifen nach unten abgegrenzt wurde. Bisweilen war auch der untere Teil der Steine weiß gestrichen.

Zumindest seit der Nachkriegszeit verwendete man die schwarz-weißen Steine bei gefährlichen Stellen, an Einmündungen sowie an der jeweiligen Außenseite von Kurven.

Eine Modellgestaltung ist nicht schwer. Als Basis dienen Vierkant-Holzleistchen mit quadratischem Querschnitt, wie sie in Fachgeschäften für Flug- oder Schiffsmodellbau erhältlich sind. Die Kantenmaße der Grundfläche für verschiedene Baugrößen:
H0 4 mm, TT 3 mm, N 2 mm, Z 1,5 mm.
Die Höhe der Begrenzungssteine über dem Erdboden schwankte beim Vorbild; für H0 dürften 8 bis 10 mm in Frage kommen (entsprechend TT 7 mm, N 5 mm, Z 3,5-4 mm).

Heute sind zumindest in Mitteleuropa Begrenzungssteine sehr selten geworden und fast nur noch an unbefestigten Straßen oder Feldwegen zu finden - dort vielfach nahe Bahnübergängen oder Wegüberführungen. Durch fehlende Unterhaltung dieser Wege weisen die Begrenzungssteine im Laufe der Jahrzehnte oft eine starke Schräglage auf, da das Erdreich namentlich an Hängen „arbeitet". Für die Anlagengestaltung bilden solch unregelmäßig schiefe Begrenzungssteine ein nettes Gestaltungsmittel. Mitunter dienten die Begren-

Begrenzungssteine im Modell

Begrenzungssteine im Sommer 1961 unterhalb von Guttenberg (Oberfranken). Die hinteren Steine weisen wegen ihrer Außenlage an der Kurve weiß-schwarze Oberteile auf, während die Steine an der anderen Straßenseite gänzlich unbemalt sind

Auf und am Rande der Straße

Am nördlichen Melkendorfer Bahnübergang waren im Frühjahr 1982 noch einige alte Begrenzungssteine und moderne Begrenzungspfosten einträchtig nebeneinander zu sehen

Diese windschiefen Begrenzungssteine an einem Feldrain neben der Schmalspurstrecke Cranzahl – Oberwiesenthal

zungssteine gleichzeitig als Geländerpfosten. Dazu wurden die Steine (jetzt engerer Abstand untereinander!) im oberen Drittel durchbohrt; durch die Öffnung zog man eine Eisenschiene oder -stange. Diese Bauweise ist im Kleinen ebenfalls gut nachvollziehbar, wobei man allerdings auf ein zierliches Schienenprofil achten muss. Für die Baugrößen N und Z ist wohl Draht besser.

Noch ein Gestaltungstipp für Anlagen oder Dioramen, die im Zeitraum von etwa 1962 bis 1965 angesiedelt sind: An Parkplätzen oder stillgelegten alten Straßenabschnitten waren damals häufig in großen Stapeln „ausgemusterte" Begrenzungssteine gelagert.

Wie schon erwähnt, fehlten im allgemeinen Begrenzungssteine, wenn die Straße von großen Laubbäumen begrenzt wurde. Diese bekamen im unteren Teil des Stammes mit weißer Farbe „Schürzen" angebracht, deren Maße in etwa den Seitenflächen der Begrenzungssteine entsprachen.

Pfähle

Bei Nebenstraßen herrschten statt der Steine lediglich hölzerne Begrenzungspfähle vor. Zumindest seit etwa 1950 erhielten diese in Deutschland generell ein weißes Oberteil mit breitem schwarzen Querstreifen; eine Nachbildung im Modell durch Holz- oder Kunststoffstäbchen ist nicht schwer.

Für die ab etwa 1957 eingeführten Begrenzungspfähle mit leicht dreieckigem, abgerunde-

Begrenzungssteine an einer ruhigen Vorstadtstraße östlich des Braunschweiger Nordbahnhofs (April 1989)

Straßenbegrenzungen

wurden mit Sicherheit schon seit Jahrzehnten nicht mehr halbwegs senkrecht ausgerichtet (Sommer 1997)

Begrenzungssteine mit Eisenträgern (Winkelprofil) als Geländer im Sommer 1997 in Rittersgrün (Erzgebirge)

ten Querschnitt und Rückstrahlern im nunmehr schrägen schwarzen Feld lohnt dagegen ein Selbstbau kaum, da sie als brauchbares Zubehör im Handel erhältlich sind. Allerdings gilt die Wertung nicht für die klobigen Pfähle, die einst die Firma Faller zu ihrer „a.m.s.-Autobahn" anbot und die auch später immer wieder einmal (etwa über die Firma Noch) im Handel auftauchten – sie sind durch ihre Größe für den Maßstab 1:87 keinesfalls geeignet und wegen ihrer eckigen Form auch als Umbaugrundlage kaum verwendbar!

Die Farbe der Rückstrahler ist im allgemeinen weiß, lediglich an Straßeneinmündungen werden gelbe bzw. orange Reflektoren angewandt.

Ausweichen

Nicht nur an engen Gebirgssträßchen, sondern auch bei durchaus normal-breiten Kreisstraßen finden sich mitunter Ausweichen. Sie verlaufen auf dem leicht verbreiterten Bankett, sind befestigt und dürften hinsichtlich ihrer Länge für einen Schnelllaster oder einen Traktor mit Anhänger ausreichen. In ihrer Mitte ist ein entsprechendes Hinweisschild aufgestellt, damit die Ausweiche nicht als längerfristiger Parkplatz missbraucht wird. Im Modell dürften sich solche Ausweichen gut machen, besonders wenn sie wegen eines langsamen landwirtschaftlichen Gespanns benutzt werden. Aber auch für die unumgänglichen Geschäfte eignen sie sich…

Befestigte Ausweiche mit Hinweisschild nördlich von Birnbaum im Frankenwald

Auf und am Rande der Straße

Autokennzeichen

Sie gehören auch zum A und O der Anlagengestaltung: Modellautos in vielen Varianten! Dennoch überrascht es bisweilen, dass die kleinen Fahrzeuge nicht „zugelassen" sind, d. h. keine Kfz-Kennzeichen aufweisen. Dankenswerterweise gibt es solche im Maßstab 1:87 von der Zubehörindustrie, und mitunter sind sie auch schon den einzelnen Modellen beigelegt. Die Ausrüstung eines größeren Fahrzeugparkes kann sich indes schon etwas beim Geldbeutel bemerkbar machen, daher böte sich folgender Kompromiss an:
Bei weiter von jeweiligen Betrachter entfernt aufgestellten Miniaturautos kann es genügen, lediglich die Grundfarbe des Kennzeichens aufzubringen, gegebenenfalls mit angedeuteter Schrift und dem kleinen blauen „Europa-Feld" auf der linken Schildseite. Natürlich wäre bei größeren Maßstäben auch eine Beschriftung mit Hilfe des PC möglich. Da die Farbe der Kennzeichen keineswegs immer nur Schwarz oder Weiß ist, folgen dazu kurze Erläuterungen für eine Reihe von Ländern.

Belgien
Rote Schrift auf weißem Grund.

Bosnien-Herzegowina
Schwarze Schrift auf weißem Grund.

Dänemark
Mittlerweile schwarze Schrift auf weißem (PKW) bzw. gelbem (LKW, Lieferwagen) Grund.

Deutschland
Die heute verwendeten weißen Kennzeichen mit schwarzer Schrift wurden in der BRD erst 1957 (Übergangsfrist bis 30. Juni 1958) eingeführt und lösten die seit 1947 normalerweise gebräuchlichen schwarzen Tafeln mit weißer Schrift ab.
Sonderfälle: Überführungskennzeichen haben auch rote Schrift, und von der Kfz-Steuer befreite Fahrzeuge besitzen weiße Schilder mit grüner Schrift. Vor dem Zweiten Weltkrieg sowie in der DDR hatten die Kennzeichen jedoch immer weiße Grundfarbe mit schwarzer Beschriftung!

Estland
Die Normalkennzeichen sind weiß mit schwarzer Schrift.

Finnland
Schwarze Schrift auf weißem Grund.

Frankreich
Die älteren Kennzeichen waren schwarz und hatten weiße Aufschriften. Inzwischen ist es prinzipiell umgekehrt, jedoch haben Heckkennzeichen eine gelbe Grundfarbe.

Griechenland
Schwarze Schrift auf weißem Grund.

Großbritannien
Die heutigen britischen Kfz-Kennzeichen haben schwarze Beschriftung, die Grundfarbe ist für Frontschilder weiß, für Hecktafeln gelb.

Irland
Wie die aktuellen britischen Kennzeichen: schwarze Schrift auf weißem (Front) oder gelbem (Heck) Grund.

Italien
Ursprünglich schwarze Tafeln mit weißer Schrift, später wurden die Abkürzungen für die Provinz orange markiert. Nunmehr sind die Schilder weiß mit schwarzer Beschriftung. Vordere Kennzeichen haben merklich kleinere Tafeln als die Heckkennzeichen!

Jugoslawien
Schwarze Schrift auf weißem Grund – dies galt auch für die „alte" jug. Bundesrepublik vor 1991.

Kroatien, Lettland
Schwarze Schrift auf weißem Grund.

Liechtenstein
Weiße Schrift auf schwarzem Grund.

Litauen
Schwarze Schrift auf weißem Grund.

Luxemburg
Früher weiße Schrift auf schwarzem Grund, heute gelbe Kennzeichen mit schwarzer Schrift.

Mazedonien, Moldawien
Schwarze Schrift auf weißem Grund.

Autokennzeichen

Kfz-Kennzeichen mit weißer Schrift auf schwarzem Grund, wie sie in den Westzonen bzw. der BRD von 1947 bis 1957/58 gültig waren. Das Foto zeigt einen 1954 gebauten Messerschmitt-Kabinenroller KR 175, der in Bayern (AB steht für Amerikanische Zone Bayern) zugelassen war. Damals weit verbreitet: die obere Abschrägung der Kennzeichen

Auf und am Rande der Straße

Dieser kleine Ho-Fiat, ein Modell aus dem Hause Herpa, wurde in den Niederlanden zugelassen

Monaco
Blaue Schrift auf weißem Grund.

Niederlande
Die Kennzeichen sind seit den 1970er Jahren gelb und weisen schwarze Beschriftung auf; ursprünglich waren die normalen Kennzeichen schwarz mit weißer Beschriftung.

Norwegen
Schwarze Schrift auf weißem Grund.

Österreich
Ursprünglich schwarze Kennzeichen mit weißer Schrift, in den 1980er Jahren Umstellung auf weiße Tafeln mit schwarzer Schrift.

Polen
Bis vor kurzem weiße Schrift auf schwarzem Grund, bei den neuen Kennzeichen ist es umgekehrt.

Portugal
Schwarze Schrift auf weißem Grund, früher umgekehrt.

Rumänien, Russland
Schwarze Schrift auf weißem Grund.

San Marino
Blaue Schrift auf weißem Grund.

Schweden
Schwarze Schrift auf weißem Grund.

Schweiz
Schwarze Schrift auf weißem Grund. Bei neueren Kennzeichen sind die Tafeln für die Stirnseite des Fahrzeugs wesentlich kleiner als die Heckkennzeichen!

Slowakei
Schwarze Schrift auf weißem (PKW) bzw. gelbem (LKW) Grund.

Slowenien, Spanien
Schwarze Schrift auf weißem Grund.

Tschechische Republik
Schwarze Schrift auf weißem (PKW) oder gelbem (LKW, Lieferwagen) Grund.

Türkei, Ukraine
Schwarze Schrift auf weißem Grund.

Ungarn
Schwarze Schrift auf weißem, bei LKW auf gelbem Grund.

USA
Das Aussehen der Kfz-Kennzeichen der Autos von US-Bürgern in Deutschland wechselte wiederholt; heute sind die relativ kleinen Tafeln weiß mit schwarzer Schrift. Über einen längeren Zeitraum gab es auch einmal grüne Schilder mit weißer Schrift.

Weißrussland
Rote Schrift auf weißem Grund.

Orientierungstafeln

Rustikale Orientierungstafeln

Lobenswerterweise wird dem Orientierungsbedürfnis ortsfremder Menschen durch verstärktes Aufstellen von Tafeln mit Orientierungsplänen Rechnung getragen – und warum sollten wir unsere „Miniaturleutchen" nicht ebenso daran teilhaben lassen? Allerdings ist hier nicht an große, „sachlich" gestaltete Stadtpläne an Haupt-Zufahrtsstraßen gedacht, sondern an kleinere, etwas rustikale Orientierungstafeln, wie sie vor

Rustikale und „sachliche" Hinweistafel am Bahnhofsplatz in Wurzen bei Leipzig (März 2002)

Ähnliche Tafel mit Satteldach im oberfränkischen Schwarzenstein (September 1997)

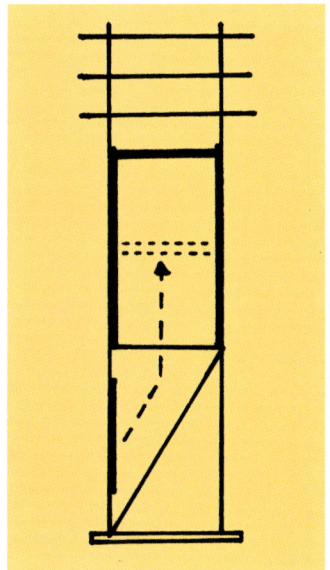

So lässt sich aus einem Freileitungs-Doppelmast das Gestell für eine Orientierungstafel entnehmen (fett gezeichnete Teile). Die untere Querstrebe wird aus einem weiteren Maststück zurecht geschnitten

Rückseite einer solchen Tafel

Teile einer Modell-Tafel

Auf und am Rande der Straße

Häufig finden sich neben Orientierungstafeln auch eine Ruhebank und ein Abfallbehälter (Maroldsweisach, Mai 1998)

allem seit der Epoche 4 zu finden sind.
Kennzeichen solcher Tafeln ist einerseits die Verwendung von Holz für das Grundgerüst, andererseits eine leichte Überdachung zum Schutz der Betrachter. Ein solches Dach ist in der Regel mit dem First parallel zur Tafel angelegt, wobei als Material Dachziegel, Schindeln oder Kunstschiefer dienen. Der Dachfirst und/oder die Dachseiten können mit Metall beschlagen sein. Bisweilen treffen wir jedoch auch auf eine interessante Konstruktion mit einem um 90 Grad gedrehten, extrem kurzen Dachfirst. Ausmaße von solchen Tafeln bzw. ihrem Rahmen schwanken von Ort zu Ort und erlauben eine hohe bastlerische Freiheit.
Nachfolgend sei der Bau einer Orientierungstafel beschrieben, die sich an eine Konstruktion am Bahnhofsplatz im sächsischen Wurzen anlehnt (vgl. S. 55), jedoch etwas kleiner ist. Warum, wird sofort klar:
Als Grundlage für den Rahmen in Baugröße H0 dienten der Einfachheit halber Teile von preiswerten Telefonleitungsmasten aus einem Anfängersortiment - und dabei ist man auf die Ausmaße jener Doppelmaste angewiesen. Zur besseren Stabilität schneiden wir vom Mittelteil des Mastes gemäß Skizze (S. 55; die dick gezeichneten Teile werden benötigt) ein Stück heraus und setzen etwa auf halber Höhe eine weitere Querstrebe ein. Anschließend erhält das so entstandene Gerüst auf der Vorderseite eine Platte aus dünner Pappe, die als Träger für den Plan oder sonstige Plakate dient (auf dem Modellfoto noch nicht dargestellt).
Für den Bau des Daches wurde eine Dachziegelplatte der Firma Auhagen verwendet; zwei Ziegelreihen bilden die Höhe einer Dachhälfte. An der Firstseite die Dachplatten leicht anschrägen! Seitlich steht das kleine Satteldach leicht über das Gerüst, die Giebel werden dort durch je ein dreieckiges Papp-Plättchen verkleidet. Die Einfassung der Giebelseiten und den Dachfirst imitieren wir durch selbstklebende Papierstreifen, die einen grauen Anstrich erhalten. Zum Schluss werden die untersten Teile der senkrechten Pfosten noch dunkelgrau oder schwarz gestrichen – fertig!
Zur weiteren Ausgestaltung (Bank, Abfallbehälter) der Umgebung der Tafel mögen die Fotos anregen; dort wird auch eine Tafel mit dem oben erwähnten „gedrehten" Dach gezeigt.

Einfache Tafel älterer Bauart

Neben den vorgestellten rustikaleren Orientierungstafeln finden wir auch noch immer solche älterer Bauweise (bereits ab der Epoche 3), die ein sehr schlichtes Aussehen besitzen – wie etwa am Bahnhofsvorplatz im thüringischen Bad Sulza. Anders als bei den vorgenannten Beispielen sind hier Standpfosten und Rahmen aus Metall gefertigt. Letzterer besitzt eine nahezu quadratische Form und an der Oberseite ragen drei zusätzliche Eisenprofile zur Befestigung des einfach gebogenen Blechdaches heraus. Die Tafel selbst besteht aus einer auf dem Rahmen befestigten Holzplatte, die links und rechts leicht über ihn hinaus steht.

Orientierungstafeln

Zur Nachgestaltung bieten sich Kunststoff- oder Metallstäbchen an, die Tafel und das Dach werden aus Karton gefertigt. Wenn Sie in der Bastelkiste einen von der Größe passenden Fensterrahmen finden sollten, erleichtert sich die Bastelarbeit weiter. In unserem Beispiel wurde der Grundrahmen aus zwei passend geschnittenen Faller-Fenstern älteren Produktionsdatums zusammengeklebt, ehe das Anfügen des Standpfostens (ebenfalls aus Plastik) erfolgte. Nach dem Trocknen kann die Tafelplatte (Pappe) befestigt werden; das kleine Dach folgt zuletzt.

Diese Tafel, ebenfalls in Maroldsweisach aufgenommen, besitzt ein um 90 Grad gedrehtes Satteldach

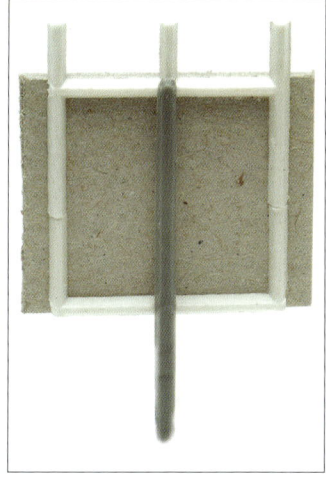

Halbfertige Tafel (Maßstab 1:87) von hinten: Auf den aus zwei Fensterteilen zusammengesetzten Grundrahmen ist der Befestigungspfosten geklebt; eine Lackierung steht noch aus. Die Tafel (Kartonstück) wurde nur provisorisch zur Verdeutlichung des Baus angebracht, vor ihrem endgültigen Befestigen müsste der Rahmen noch grau eingefärbt werden

Das prinzipielle Vorbild: ältere Orientierungstafel am Bahnhofsplatz in Bad Sulza (Mai 2002)

Auf und am Rande der Straße

Schöne Kombination auf dem Bahnhofsplatz in Bremen (Herbst 1988): oben je ein gelbes und blaues Schild für Gas- bzw. Wasserleitungen, darunter eine Hydrantentafel

Hinweise auf Versorgungsleitungen

Auf den ersten Blick mag dieses Kapitel verwundern, denn wie sollte man eine meist unterirdisch verlaufende Gas- oder Wasserleitung nachbilden? Natürlich ist dies nicht möglich, doch indirekt lassen sich derartige Leitungen doch sichtbar machen: durch die kleinen Koordinatentafeln! Sie sind nahezu überall in Städten und Dörfern anzutreffen – nur auf Modellbahnanlagen oder Dioramen fehlen sie, ebenso wie Deckel unterirdischer Hydranten, seltsamerweise fast immer.

Grundsätzlich beinhalten die Tafeln Angaben zur Lage von Leitungsanschlüssen vom Standort des Schildes aus, wozu man sich des Koordinatensystems bedient. Unter einem symbolisierten Koordinaten-"T" finden sich die entsprechenden Zahlen (Angaben in Metern), um den Anschluss vor allem im Winter unter Schnee- oder Eisdecken rasch finden zu können. Die Lage der Zahlen links oder rechts vom senkrechten Strich gibt die Richtung von der Tafel aus an, die Zahl unter der senkrechten Linie den Abstand vom Schild aus.

Am gebräuchlichsten sind drei Ausführungen der Tafeln:

Die weißen Hydrantentafeln besitzen einen roten Rand und schwarze Schrift, sie werden vor allem von der Feuerwehr zum Auffinden von Löschwasseranschlüssen benötigt. Zu Säulenhydranten, wie sie inzwischen auch als Zubehörteile angeboten werden, sind selbstverständlich keine Koordinatentafeln nötig.

Hinweise auf Versorgungsleitungen

Dunkelblaue Schilder mit weißer Schrift weisen auf Wasser-Absperrschieber hin, während Gasanschlüsse durch gelbe Tafeln mit schwarzer Schrift markiert werden. Die Abmessungen von Tafeln für Wasser oder Gas schwanken. Während die älteren Schilder 10 x 15 cm maßen, beträgt die Größe nunmehr 15 x 20 cm. Sehr alte Schilder hatten übrigens geprägte Ziffern, während seit vielen Jahren nur noch Tafeln mit austauschbaren Ziffern hergestellt werden.

Auf und am Rande der Straße

Stillleben an einer Eck-Gaststätte mit Anregungen zur Detailgestaltung einer Hauswand: Neben fünf Koordinatentafeln (viermal Wasser, einmal Gas) finden wir ein Straßenschild, einen Schaltkasten für Verkehrsampeln und einen Briefkasten (Aufnahme 2002 in Nürnberg)

Früher wurden Tafeln mit eingeprägten oder emaillierten Ziffern verwendet, was einen flexiblen Einsatz verhinderte.
Solche Tafeln sind inzwischen selten geworden; die Aufnahme entstand im Frühjahr 1998 in Maroldsweisach/Unterfranken

Die Hydrantentafeln sind etwas größer als die anderen Schilder gehalten und haben die Form eines liegenden Rechtecks, während Gas- oder Wassertafeln hochstehende Rechtecke darstellen. Bei der Modellgestaltung von der Baugröße H0 an abwärts wird es ausreichen, die Aufschriften – wenn überhaupt – lediglich symbolisch durch ein Koordinaten-"T" anzudeuten.

Vielfältig zeigt sich die Anbringungsart solcher Tafeln. Sie finden sich an Hauswänden ebenso wie an Zäunen oder Masten von Verkehrszeichen bzw. Straßenbahn-Fahrleitungen. Nicht selten sind die Schilder auch an eigenen Pfosten befestigt. Somit bietet sich ein reiches Betätigungsfeld für die Detailgestaltung in einer Miniaturstadt! Natürlich erfordern Koordinatentafeln im Modell auch die Andeutung entsprechender Deckel in Straßen oder Gehwegen.
Eine Besonderheit dürften ähnlich aussehende Tafeln darstellen, die den Verlauf von Stromkabeln markieren. In Nürnberg sind diese Schilder beispielsweise weiß gehalten und besitzen wiederum ein schwarzes stilisiertes "T". Teilweise werden die Täfelchen auch auf speziellen niedrigen Steinen angebracht.

Hinweise auf Versorgungsleitungen

Bei der Vielzahl der Anschlüsse verliert man leicht den Überblick (Blankenhain, Mai 2002)

Neben den beiden Schildchen für Wasser-Absperrschieber ist eine rot-weiße Hydrantentafel angebracht (Aufnahme 1998 gegenüber dem Hauptbahnhof in Görlitz)

An einem Stein befestigte weiße Tafel zur Markierung des Verlaufs eines Stromkabels bei Nürnberg-Kornburg (Frühling 1989). Da auf dem Schild Ziffern fehlen, verläuft das Kabel hier direkt am Stein

Auf und am Rande der Straße

Straßenleuchten mit Freileitungen

Früher weit verbreitet, sind sie mittlerweile nur noch auf dem Land oder in Stadtrandgebieten anzutreffen: elektrische Straßenleuchten, die durch Freileitungen gespeist werden. Ohne dass letztere nun tatsächlich nachgebildet werden müssen, können wir sie doch durch zwei Isolatoren am Leuchtenmast andeuten. Passende Isolatoren erhalten wir von Telegrafenmasten, wie sie von der Zubehörindustrie (etwa von Auhagen, Preiser oder Vollmer) angeboten werden. Achtung: Eine zweipolige Leitung genügt zur Speisung von Straßenbeleuchtungen. Sollen jedoch auch Hausanschlüsse mit einbezogen werden, müssten Sie mindestens zwei weitere Leitungen durch Isolatoren andeuten; eine fünfte kann als Schaltdraht für die Straßenbeleuchtung dienen.

Wie die 1989 aufgenommenen Vorbildfotos zeigen, können auch durchaus Neonleuchten mit einer Freileitung versehen sein. Zur Nachgestaltung derartiger Leuchten gibt es – stellvertretend für die Baugröße H0 –

Als Vorbild diente diese 1989 in Braunschweig aufgenommene Holzmast-Leuchte

H0-Modell einer Freileitungs-Leuchte: Mast mit Isolatoren von

Straßenleuchten mit Freileitungen

beispielsweise folgende Möglichkeit:

Wir nehmen als Basis einen Freileitungsmast der Firma Auhagen (Nr. 42 634), entfernen dort die beiden unteren Isolatoren und kleben eine Neonröhren-Attrappe an. Diese stammt in unserem Beispiel aus dem Faller-Bausatz Nr. 180625, der unter anderem funktionslose Peitschenleuchten enthält. Selbstverständlich wäre der Mast farblich noch etwas zu altern.

Wer „rustikale" Leuchten vorzieht, könnte entweder direkt eine Attrappe aus dem Auhagen-Sotiment Nr. 42 632 verwenden, wobei die Leuchte allerdings etwas arg tief angebracht ist und ihre Position erhöht werden sollte. Weiterhin eignen sich als Basis für funktionsfähige Modelle die Holzmastleuchten Nr. 6060 oder 6065 der Firma Viessmann, bei denen oben zwei (oder vier) Isolatoren, etwa von Auhagen-, Noch- oder Vollmer-Telegrafenmasten entnommen, anzubringen wären.

Der Vollständigkeit halber sei noch das funktionsfähige Freileitungssystem (Baugröße H0) der Firma Busch erwähnt: bei diesem gibt es auch Maste mit Leuchten.

Auhagen, Leuchtenattrappe von Faller

Etwas moderner mit Betonmast, aber ebenfalls mit Freileitung: Straßenleuchte 1989 in Nürnberg-Worzeldorf

Auf und am Rande der Straße

Zigarettenautomat an einer Wand des Bahnhofsgebäudes einer früheren H0-Anlage des Verfassers. Von der Firma Faller gab es einst Beschriftungssätze, die auch einzelne Automatenfronten enthielten. Auf ein gefärbtes Sperrholzstückchen geklebt, besaß man im Handumdrehen ein Automatenmodell Foto: Ilona Werner

Automaten

Immer mehr Verkaufsvorgänge werden auf Automaten verlagert - doch auf vielen Modellbahnanlagen fristen diese Geräte immer noch ein Schattendasein. Liegt es am kaum vorhandenen Angebot der Zubehörindustrie? Wie dem auch sei, die Anfertigung von Automaten, soweit sie einen quaderförmigen Körper aufweisen, ist nicht schwer! Dieser besteht aus einem Holzklötzchen, das in der Automaten-Grundfarbe lackiert wird. Für die Front des Gerätes bietet sich eine entsprechend vergrößerte bzw. verkleinerte Farbaufnahme des Automaten an, die auf das Holzklötzchen geklebt wird. Selbstverständlich lässt sich diese Seite auch mehr oder weniger stilisiert zeichnerisch darstellen, namentlich bei kleineren Vorbildern.

Zigarettenautomaten

Diese sind wohl bei uns die häufigsten Geräte im Freien. Sie können an Gebäudewänden angebracht oder separat aufgestellt sein. Dabei kommen sowohl Befestigungen an zwei mehr seitlichen Stützen oder - besonders seit der Epoche 5 - einer einzigen stärkeren Mittelstütze vor. Während es früher ausschließlich Automaten mit Schubfächern für die Ware gab, wandelte sich dieses Bild ab dem Ende der Epoche 4 sukzessive zu Geräten

Zigarettenautomat, wie er in den 80er und 90er Jahren weit verbreitet war. Die Befestigung erfolgt noch über zwei Pfosten, nicht über eine einzige Zentralstütze. Das Foto entstand in Nürnberg-Falkenheim im Herbst 1997

Automaten

Moderner Zigarettenautomat mit starkem Vierkant-Mittelpfosten (Nürnberg, Mai 2002)

mit Drucktastenwahl und Warenausgabe in einem breiten Schlitzfach. Ein kleiner Spaziergang durch die Stadt gibt dazu bestimmt viele Anregungen.

Original-Abmessungen eines normalen Zigarettenautomaten der Gegenwart: Breite 105 cm, Höhe 90 cm, Tiefe 30 cm. Ältere Geräte wiesen kleinere Abmessungen und eine geringere Tiefe (etwa 20 cm) auf.

Kleine Süßwarenautomaten

In den Sechzigerjahren kamen kleine Automaten auf, die nach Einwurf eines Groschens Kaugummikugeln und Spielzeugramsch „ausspuckten", wobei die Artikel in einem Glasbehälter weitgehend sichtbar waren. Später fasste man mehrere solcher Automaten in einem einzigen verkleideten Rahmen zusammen, so dass ein einheitlicheres Bild entstand. Diese Bauweise eignet sich im Gegensatz zur Ursprungsversion recht gut zu einer Nachgestaltung. Der Automatenkörper wird aus einem Holzstückchen gefertigt, das anschließend eine Bemalung und Dekoration an der Frontseite erfährt.

Fahrausweisautomaten

Herkömmliche Fahrausweisautomaten werden meist auf einen Sockel montiert, dessen Tiefe etwas geringer als die des Automaten ist; dieser steht vorn etwas über den Sockel hinaus.

Eine Doppelgruppe von kleinen Süßwarenautomaten im Herbst 1997 in Schwarzenstein/Oberfranken.

Auf und am Rande der Straße

Herkömmlicher Bargeld-Fahrausweisautomat der VAG Nürnberg für Verbundfahrscheine. Das Gerät besitzt im Februar 2002 noch seine alte orange Farbgebung, die bei Reparaturen o.ä. sukzessive durch eine verkehrsrote Lackierung ersetzt wird

Ein VAG-Fahrausweisautomat in neuer Farbgebung

Dessen Nachbildung erfolgt ebenfalls aus einem grau gestrichenen Holzteil. Einige Grundmaße von Original-Fahrausweisautomaten (hier dargestellt am Beispiel Nürnberg):
Automat:
Breite 90 cm, Höhe hinten 150 cm, vorn 158 cm, Tiefe 45 cm.
Sockel:
Höhe ca. 50 cm, Tiefe 40 cm, die Breite entspricht der des Automaten.

Der Rohbau erfolgt zweckmäßigerweise in drei Schritten:
– Aussägen des Automatenkastens und Abschrägung des Daches.
– Dachvorsprung durch ein anzuklebendes Plastik- oder Holzprofil andeuten.
– Sockel aus Holz aussägen und darauf Automatenkasten setzen.

Die Frontseite mit den Bedienelementen wird entweder vom Original fotografisch verkleinert oder durch ein weißes bzw. hellgraues Papierstück angedeutet.
Allerdings gelten obige Ausführungen nur für Geräte, die auch Bargeld annehmen. Automaten ausschließlich für Geldkartenbetrieb - erst für Anlagen ab Epoche 5 geeignet! - besitzen deutlich geringere Ausmaße.

Noch nicht ganz fertiger Fahrausweisautomat im Maßstab 1:87; es fehlt v.a. die Beschriftung auf der Vorderseite

Schaukästen

Ein äußerst dankbares Thema für die Detailgestaltung von Modellbahnanlagen oder Dioramen, findet man Schaukästen doch in vielen Größen und Ausführungen in unseren Städten und Dörfern. Der Nachbau ist nicht schwer und erfordert lediglich Material, das ohnehin überall vorhanden ist: Pappe, Cellon und Papier.

In der gewünschten Größe zeichnen wir die Kastenrückwand auf ein Stück Pappe, schneiden es aber noch nicht zu. Nun wird – entweder ebenfalls aus Karton oder aus Kunststoffstreifen – der Rahmen aufgeklebt, um eine plastische Wirkung des Kastens zu erreichen. Ist alles getrocknet, können wir das Kasteninnere nach Gutdünken ausgestalten. Anschließend färben wir den gesamten, noch offenen Schaukasten ein und schneiden ihn nach Trocknen der Farbe aus. Die Vorderseite entsteht aus festem Cellon, wie es oft als Teil von Verpackungen vorkommt, wobei dünne, zuvor eingefärbte und auf den Kunststoff geklebte Papierstreifen den Rahmen des „Deckels" bilden. Hier erleichtern Selbstklebeetiketten die Arbeit sehr! Abschließend wird der gesamte Rahmen des Kastens nochmals gestrichen und erhält an der Rückseite passende Stützen aus Draht oder Kunstsoff – vorzugsweise zwei pro Schaukasten, doch genügt bei kleinen Kästen auch eine einzige in der Mitte.

Gut wirkt es, wenn zwei oder drei Schaukästen unterschiedlicher Art nahe beieinander aufgestellt werden, etwa an einer Bushaltestelle oder in der Nähe von Postkästen.

Schönes Stillleben an der Bushaltestelle Nürnberg-Falkenheim (April 2002): Neben Wartehalle, Haltestellenschild und Abfallbehälter sind hinter dem niedrigen Mäuerchen drei Schaukästen unterschiedlicher Art aufgestellt, wobei besonders der mittlere durch Form und frische Farbgebung gut gefällt

Zwei ältere Schaukästen am Empfangsgebäude des Bahnhofs Kranichfeld (Januar 1993)

Unser H0-Mensch informiert sich über Neues vom Siedlerbund

Auf und am Rande der Straße

Verzierte Hinweistafel

An Hauptstraßen befindliche Hinweistafeln zu Firmen sind häufig anzutreffen, aber in der Mehrzahl der Fälle nicht allzu phantasievoll gestaltet. Wie man aus einer ursprünglich schlichten Tafel einen kleinen Blickfang machen kann, bewies mit Erfolg eine Nürnberger Gärtnerei. In der Zeit vor Ostern versah der Inhaber das Schild mit buntem Schmuck. Zwar wurden die Eier nach den Feiertagen wieder entfernt, doch blieben die sechs mit festem Buntpapier ummantelten Holzlatten, an denen der Schmuck angebracht war, erhalten. Und siehe da – diese wirkten auch alleine recht nett! So können wir im Kleinen zumindest ab der Baugröße H0 ähnlich verfahren und eine normale Hinweistafel mit dünnen, bunt gefärbten Kunststoffstreifen oder auch Drahtstückchen aufwerten.

Die geschmückte Hinweistafel einer Nürnberger Gärtnerei (April 2002)

Podest für Milchkannen

Kleines Podest zum Abstellen von Milchkannen im Maßstab 1:87

Podest für Milchkannen

Früher allgemein weit verbreitet, inzwischen aber fast nur noch in Alpenländern anzutreffen sind an Straßenrändern oder Feldwegen Abholplätze für die Milchkannen der Bauernhöfe. Volle Kannen wurden/werden dort bereitgestellt und durch Lastwagen der Molkereien abgeholt. Im Gegenzug liefern die Fahrer entsprechendes Leergut ab, das dann von den Bauern wieder einzuholen ist. Je nach Erfordernissen schwanken Größe und Ausstattung solcher Podeste von kleinen offenen „Bänken" bis zu größeren überdachten Konstruktionen.

Für den Nachbau im Kleinen bieten sich für das eigentliche Podest und gegebenenfalls die Überdachung vor allem Holzprofile bzw. Streichhölzer an. Vier Leistchen werden zurecht geschnitten und mit Weißleim auf die Trägerelemente geklebt. Passende Milchkannen erhalten wir im Fachhandel von Firmen wie Kibri, Preiser oder Wiking - wer möchte, kann auch Feingussmodelle von Kleinserienherstellern verwenden. Die Bemalung bleibt jedem selbst überlassen - am realistischsten dürfte wohl eine bräunliche Farbgebung mit erheblichen Gebrauchs- und Alterungsspuren sein.

Zu einem solchen Milchkannen-Podest für Anlagen der Epoche 3 sollten auch passende landwirtschaftliche Fahrzeuge in Form kleinerer oder mittelgroßer Traktoren mit entsprechendem Anhänger nicht fehlen. An Großserienmodellen sind hier besonders Fahrzeuge der Firma Wiking zu nennen, die zudem erfreulicherweise für die Baugröße H0 in letzter Zeit einige gut passende und relativ preisgünstige Modelle wieder in ihr Produktionsprogramm aufgenommen hat. Insgesamt handelt es sich um drei Schlepper (Lanz, Porsche, Fahr) und einen einachsigen Anhänger:

Der Lanz-Bulldog wird durch das große Schwungrad des Einzylindermotors charakterisiert, während der Porsche wegen seiner eleganten Form auffällt. Übrigens hatten jene Traktoren mit der Zuffenhausener Sportwagenfertigung nichts zu tun, doch zeigte sich für die Konstruktion Professor Porsche verantwortlich. Die Wiking-Modelle im einzelnen:

Fahr-Schlepper
(Art.-Nr. 877 01 21),
Lanz-Bulldog
(Art.-Nr. 880 01 14),
Porsche-Schlepper
(Art.-Nr. 878 01 21),
Einachs-Anhänger
(Art.-Nr. 879 40 14).

Auf und am Rande der Straße

Schrottauto

Sicher, das Vorbild einer solchen Kleinbastelei mag etwas zwiespältig sein, denn wildes Ablagern von Müll oder Schrott muss klar verurteilt werden. Andererseits sollte sich eine realistisch gestaltete Modellanlage auch der Wirklichkeit nicht verschließen - und hier sieht es eben leider nicht immer nach heiler Welt aus. Daher unser Vorschlag für einen einsam und verlassen in der Gegend stehenden kleinen Trabi!

Von einem gegebenenfalls bereits leicht lädierten Modellauto entfernen wir die Räder, setzen eventuell auf die zu dünnen Metallachsen ein Stück Röhrchen und bilden Radaufnahmen mit Bremsscheiben nach. Kaputte Fensterscheiben werden mit einer Reißnadel eingekratzt. Da das abgewrackte Gefährt natürlich keine Scheinwerfer mehr besitzt, sollten deren Öffnungen mit einem passenden Bohrer vorsichtig vertieft werden. Auch eine über einen Teil der Karosserie gelegte alte Decke kann aus Papiertaschentüchern (in Weißleimwasser getränkt und „gefaltet") nachgebildet werden. Schließlich wird das Wrack mit matter Farbe lackiert, wobei einzelne Teile wie Türen oder Motorhaube sogar unterschiedliche Töne aufweisen können. Hauptsache, es sieht alles ramponiert aus!

Dieser Trabi erlebte schon einmal weit bessere Zeiten!

Winterdienst

Streugutbehälter

Winterzeit - Streuzeit! Viele Jahre hindurch gehörten aus Holz gefertigte Splittbehälter zum gewohnten spätherbstlichen und winterlichen Bild in Dörfern, Städten und natürlich auch an Bahnhöfen. Die Mitte der Sech-

Hölzerner Streugutbehälter an einem Bahnsteig des Schweinfurter Hauptbahnhofs (20. April 1996)

zigerjahre einsetzende und in der Folgezeit überhandnehmende „Streusalzwelle" ließ dann viele der alten Splitthäuschen überflüssig werden. Glücklicherweise wurde aus Umweltgesichtspunkten der Salzverbrauch inzwischen wieder zugunsten des Streusplitts eingeschränkt. Allerdings ist das Granulat nun meistens in zwar pflegeleichteren, aber optisch nicht gerade ansprechenden Kunststoff oder Waschbeton-Behältern gelagert. Erstere sind wegen ihrer abgerundeten Formen nur schwierig als Modell darzustellen, so dass sich dieser Abschnitt auf „eckigere" Behälter konzentriert.

Für die Anlagengestaltung, besonders der Epochen 2 und 3, dürften daher die älteren Holzbehälter interessant sein, deren Nachbildung durch die kantigen Formen relativ einfach ist. Als Baumaterial bietet sich zumindest für die Maßstäbe von 1:87 abwärts wegen der kleinen Flächen 0,5 mm starker Karton an – Materialkosten fallen damit kaum an. Die den Zeichnungen abzunehmenden Maße stellen lediglich ungefähre Richtwerte dar; beim Vorbild gab es ja keine einheitlichen Größen.

Nachdem die Einzelteile aufgezeichnet sind, werden mit einer Schneidfeder die Bretterfugen – ggf. leicht unregelmäßig – eingeritzt. Erst danach ausschneiden! Unter Umständen müssen beim

Pflegeleicht, aber hässlich: Kunststoffbehälter vor Waschbetonwand (Unterlüß, 25. Juni 1997)

Zusammenkleben einige Ecken innen durch Holzleistchen verstärkt werden. Danach kann auch die Nachbildung etwaiger äußerer Verstärkungslatten aus dünnen Pappstreifen erfolgen. Die Scharnierbänder bei den im Original zu öffnenden Teilen entstehen aus Papier, und zur Bemalung hat sich braune Plaka-Farbe bewährt. Die Dächer von größeren Behältern strei-

Etwas gefälliger wirkt dieser betonummantelte Behälter (Nürnberg-Fischbach, 29. November 1992)

Hölzerner Streugutbehälter mit Pultdach (Bahnhof Nürnberg-Langwasser, Sommer 1988)

Auf und am Rande der Straße

Kantig, aus Beton, aber relativ leicht im Modell nachzugestalten: Splittbehälter im Endbahnhof Altdorf bei Nürnberg (15. Oktober 1989)

Ebenfalls quaderförmig, aber schmaler und tief: Streugutbehälter an der Haltestelle Fürth-Westvorstadt (12. Mai 1988)

Gewissermaßen eine Zwischenstufe: Die Seitenwände dieses 1988 in Eichstätt Bahnhof aufgenommenen Behälters weisen ein trapezförmiges Profil auf

chen wir entweder dunkelgrau bis schwarz oder bekleben sie mit feinstem Schmirgelpapier als Dachpappenimitation. Bisweilen ist bzw. war beim Vorbild das Dach auch beblecht, vor allem, wenn im Behälter Sand gelagert wurde.

Kleiner Streugutbehälter

Dieser besteht nur aus je zwei Dach- und Stirnseiten, letztere besitzen die Form eines gleichseitigen Dreiecks. (Skizze S. 76) Der größere Teil einer Deckfläche konnte beim Vorbild aufgeklappt werden.

Wegen des beschränkten Füllvolumens eigne(te)n sich diese Behälter gut für begrenzte Streubereiche, beispielsweise in kleineren Fabrikhöfen oder an relativ kurzen Bahnsteigen, wie sie insbesondere bei Nebenstrecken zu finden sind. In größeren Städten oder Bahnhöfen herrschten dafür Behälter mit einem Pultdach vor.

Streugutbehälter mit Pultdach

Hier waren meist die beiden Seitenwände vollständig geschlossen, während die Vorderseite eine Öffnung besaß. Es kam indes auch manchmal vor, dass zusätzlich die Bretter auf der Rückseite nicht bis zum Boden reichten! Ein innen im Behälter angebrachtes Brett – das man im Modell nicht nachzubilden braucht – bewirkte eine gewisse Dosierung der Granulatmengen. Zum Nachfüllen konnte ein Teil des Daches aufgeklappt werden. Die Skizzen (S. 74) stellen zwei Versionen vor: einmal die mittel-

Winterdienst

Eine nahezu quaderförmige Kiste im Bahnhof Wolfratshausen (Oktober 1997). Gut erkennbar das niedrige Podest auf zwei Bohlen

Ein ähnlicher Behälter befand sich 1988 auch im Bahnhof Nürnberg-Reichelsdorf...

...und wies sogar an seiner Rückwand eine Öffnung auf

große Ausführung mit Verstärkungslatten an den Seitenwänden und einer Bodenleiste, zum anderen eine leichtere Variante, die vor allem in Dörfern und Kleinstädten anzutreffen war.

Schließlich sei noch das aus Holz gefertigte Modell eines schon relativ großen Behälters gezeigt, dessen Vorbild 1,8 m breit und 0,9 m tief war, die Höhe betrug vorn 0,9 m und hinten 0,8 m. Interessant ist hier der Einbau der Bretter: an Vorder- und Rückseite waagrecht, an den beiden Schmalseiten dagegen senkrecht.

Splittbehälter mit Satteldach

Dieses gefällig aussehende „Steuguthäuschen" wies bereits

H0-Modell eines größeren Streugutbehälters mit Pultdach

Auf und am Rande der Straße

Wie lange wird sich diese überaus „schiefe" Streugutkiste noch gehalten haben? Das Foto entstand am 22. August 1988 im luxemburgischen Bahnhof Diekirch

H0-Modell eines Splitthäuschens mit Satteldach Foto: Ilona Werner

ein beachtliches Fassungsvermögen auf. Das Dach war aufklappbar – je nach Bauart entweder eine gesamte Dachhälfte oder nur deren unterer Teil. Falls an der Frontwand unten keine Öffnung vorgesehen war, gestaltete sich die Splittentnahme allerdings etwas schwierig.

Große Behälter für die Großstadt...
Heute noch in Nürnberg ganzjährig aufgestellte Behälter besitzen ein aufklappbares, mit Blech beschlagenes Pultdach. An den Ecken des Kastens sind Blechbeschläge angebracht und verleihen dem Behälter beachtliche Stabilität. Die größte Höhe – an der Rückseite – misst gut und gerne 1,4 Meter, dies wären in den verschiedenen Baugrößen folgende Werte:

0:	32 mm
H0:	16 mm
TT:	12 mm
N:	9 mm
Z:	6,5 mm

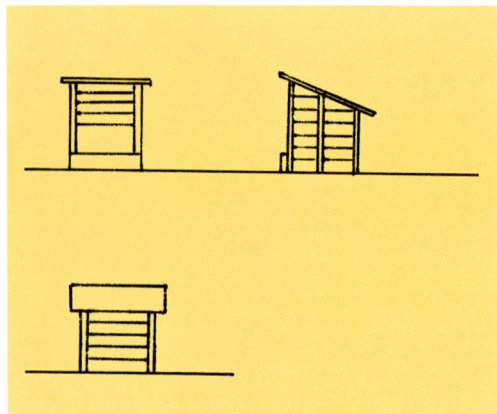

Mittlerer Streugutbehälter mit Pultdach

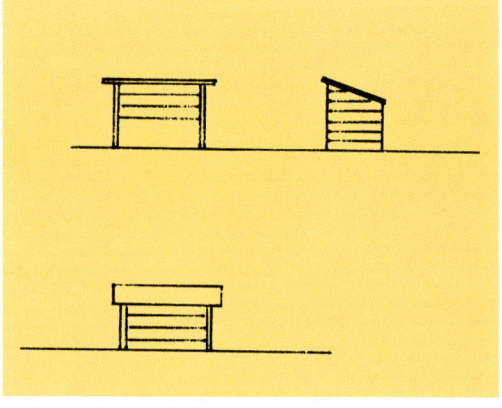

Kleinerer Streugutbehälter mit Pultdach

Winterdienst

Modelle eines Splitthäuschens und eines kleinen Streugutbehälters

In dieser Kiste lagert die VAG-Nürnberg allerdings keinen Sand oder Splitt, sondern Streusalz

In Nürnberg sind große, stadteigene Streugutbehälter nicht selten (Nürnberg-Lichtenhof, 1988)

Exkurs: Schneepfähle

Sie dienen insbesondere Räumfahrzeugen zur Markierung des Straßenrandes, werden alljährlich im Herbst aufgestellt und im Frühjahr wieder entfernt. In der Regel befinden sie sich an den Straßenbegrenzungspfählen.

Die Farbgebung der Schneepfähle war in der Bundesrepublik Deutschland bis in die frühen Sechzigerjahre schwarz-weiß und wechselte dann zwecks besserer Erkennbarkeit auf schwarz-orange. Während Schneepfähle bei „Winteranlagen" fast ein Muss darstellen, können sie auch auf „spätherbstlichen" Anlagen oder Dioramen für Auflockerung von Straßenrändern sorgen. Ihre Herstellung ist eine kleine Feierabendbastelei, benötigt werden lediglich die Farben und als Grundmaterial Zahnstocher oder andere Abfallhölzchen. Mit ruhiger Hand entstehen an einem Abend genügend Pfähle für die Anlage.

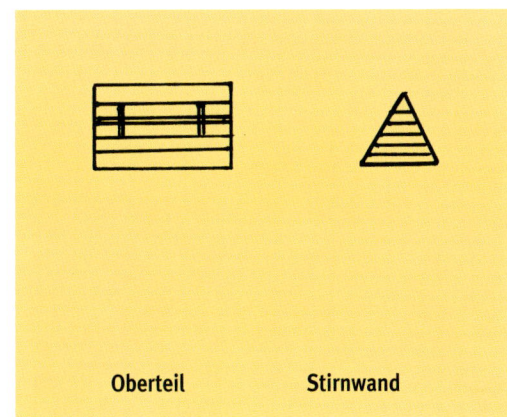

Kleiner Streugutbehälter

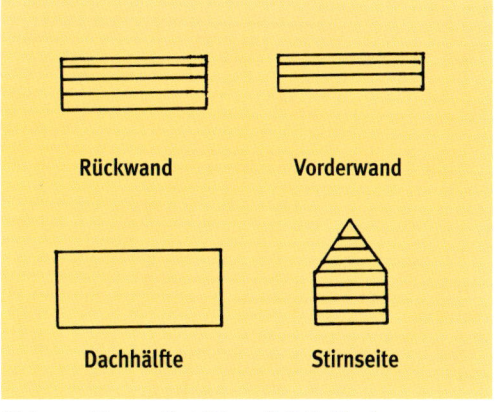

Kleinerer Streugutbehälter mit Satteldach

Auf und am Rande der Straße

Rund um die „gelbe" Post

Geht man vom Angebot der Modellautohersteller an Fahrzeugen der „gelben" Post aus, müssten eigentlich auf Anlagen oder Dioramen weitaus mehr

Weit verbreitete Art der Aufstellung von Briefkästen an einem relativ zierlichen Rundpfosten (Nürnberg-Falkenheim)

Post verstärkt zu einer Aufstellung der gelben Kästen an separaten Pfosten über; dies sollten wir bei Anlagen ab der Epoche 4 berücksichtigen.

In der Bastelkiste befindet sich bestimmt ein entsprechendes Kunststoff- oder Drahtteil, das – grau oder silbergrau, früher auch gelb gestrichen – als Rundpfosten dienen kann. Um unsere Miniaturmenschlein nicht zu akrobatischen Verrenkungen zu zwingen: Die Einwurfhöhe des Briefschlitzes solcher Kästen beträgt beim Vorbild in der Regel ca. 1,2 – 1,3 m (entspricht 1,4 – 1,5 cm in Baugröße H0).

Leider werden im Handel angebotene Modelle von Pfosten-Breifkästen nicht immer korrekt ausgeführt, wie das Beispiel der Vollmer-Packung „Postausstattung" (Nr. 5131; H0) zeigt. Darin sind unter anderem Briefkästen enthalten, bei denen an der Unterseite der Standpfosten angespritzt ist. Wie sollte aber dann im „Großen" die Kastenleerung durch die Bodenklappe erfolgen können (Seitenklappen für die Leerung kommen bei solchen Kästen nur selten vor)? Also: Besser ist es, den Standpfosten an der Unterseite zu entfernen und durch einen an der Kastenrückseite angebrachten zu ersetzen!

Mit einem rückseitigen Metallband und einer Schelle ist der Kasten am Pfosten befestigt

postalische Details zu finden sein, als im Allgemeinen zu beobachten ist. Vielleicht können die folgenden Anregungen dem ein wenig abhelfen!

Briefkästen

Manchen Gebäudebausätzen liegen als Ausschmückungsteile Postbriefkästen bei, die dann meist an die Wände der betreffenden Häusermodelle geklebt werden. Beim großen Vorbild ging jedoch die Deutsche Bundespost bzw. nunmehr Deutsche

Vorne rechts ein unveränderter Vollmer-Briefkasten mit angespritztem Pfosten, dahinter und links daneben die geänderte, korrekte Befestigungsform. Hinten links ist außerdem ein Briefmarkenautomat zu sehen, wie er seinerzeit von der Bundespost aufgestellt wurde

Rund um die „gelbe" Post

Immer aufschlussreich ist ein Blick über den Zaun: Wandbriefkasten der Österreichischen Post (Salzburg, 1997)

Neuerdings verwendet die Post mitunter statt der relativ zierlichen Rundpfosten auch solche quadratischen Querschnitts (Kantenlänge etwa 10 cm), dies wären im Maßstab 1:87 etwa 1,1 oder im Maßstab 1:160 ca. 0,6 mm.
Als Bastelmaterial dienen Holz- oder Plastikprofile, die wiederum grau bzw. silbergrau einzufärben wären.

Säulenbriefkästen, die ebenfalls manchen Bausätzen beiliegen, werden beim Vorbild vorzugsweise in städtischen Gebieten aufgestellt und sind daher für „dörfliche" Anlagen weniger geeignet.
Nur eine kurze Episode spielten bei der Deutschen Post in den späten 90er Jahren die großen „Freeway"-Paketkästen.

Briefmarkenautomaten vor der Euro-Zeit

Spätestens seit Aufspaltung der vormaligen Deutschen Bundespost in Postbank, Telekom und Deutsche Post AG sind die Tage der einst häufig an der Rückwand von Telefonzellen angebrachten Briefmarkenautomaten gezählt. Daher nimmt die Menge solcher einzeln aufge-

Gegenstück dazu: ein frei stehender französischer Briefkasten (Wissembourg, 1997)

Auf und am Rande der Straße

Säulenbriefkasten, daneben ein Markenautomat aus den späten 1990er Jahren. Dessen Säule besitzt den gleichen Grundriss wie das Gerät (Nürnberg-Mögeldorf)

maße besitzen. Mit einer Feile ist lediglich das „Paket" an allen Seiten zu glätten. Wenn die Tiefe nicht ganz ausreicht, kann der Plastekörper ggf. auf ein Stück 1 mm starker Pappe geklebt werden. Ein dort anzubringender Ständer vervollständigt den Automat, der dann nur noch farblich nachbehandelt werden

stellter Geräte zu, wobei die Ausdünnung des Postfilialnetzes noch zusätzlich mit eine Rolle spielen mag.

Die (DM-)Briefmarkenautomaten wurden danach oft an stabilen Metallständern rechteckigen Querschnitts (Maße ca. 10 x 10 cm) befestigt, wobei der hintere Teil des Gerätes in einer Metallummantelung ruhte, die wiederum direkt mit dem Pfosten verbunden war. Im Bedarfsfall konnte auch ein zweiter Automat „Rücken an Rücken" zum ersten angebracht werden - oder sogar ein Briefkasten. Die Maße jener Automaten betrugen: Breite 30 cm, Höhe 50 cm, Tiefe 23 cm.

Als Zubehör sind von verschiedenen Herstellern Miniaturpakete aus Kunststoff erhältlich, von denen die kleineren nahezu die genannten Automatenaus-

Mancherorts wie hier in Rathenow verwendet die Deutsche Post auch wuchtige Vierkantpfosten

Rund um die „gelbe" Post

muss: Kunststoffteil gelb, Pappteil samt Ständer grau).

In den letzten Jahren vor der Jahrhundertwende stellte die Post namentlich vor Postfilialen neuere Markenautomaten auf, deren Ständer den gleichen Grundriss wie das Gerät aufwiesen und so ein einheitliches Bild boten. Selbstverständlich gab es auch in Säulenbriefkästen integrierte Automaten.

Briefdepots für Zusteller

Umfangreicher werdende Zustellbezirke der Post, das gestiegene Umstellen der Briefzustellung von Kraftfahrzeugen aufs Fahrrad sowie die Zentralisierung des Zustellereinsatzes machen es vielfach unmöglich, dass Briefträgerinnen und Briefträger ihre komplette Post von der Zentrale bis in peripher gelegene Bezirke schleppen. Daher bringt man jene „Packen" mit Autos in die Zustellbezirke; dort werden sie deponiert und anschließend vom Briefträger weiter verteilt.

Wo eine zwischenzeitliche Aufbewahrung der Sendungen nicht in eventuell vorhandenen posteigenen Räumen erfolgen kann, dienen an verschiedenen Stellen errichtete abschließbare Kästen als kleine Depots. Die Zusteller besitzen die nötigen Schlüssel und holen nach Bedarf „ihr" Postgut dort ab.

Derartige Kästen sind in der Regel in hellgrauer Farbe gehalten und weisen im Unterschied zu Schaltschränken bei kleinerem Querschnitt eine größere Tiefe

Dieses Stilleben an der Post in Nürnberg-Mögeldorf wurde zwar erst vor wenigen Jahren aufgenommen, ist aber inzwischen schon wieder in doppelter Hinsicht historisch: Einmal wurden die DM-Markenautomaten wegen der Euro-Umstellung durch weit aufwändigere Geräte ersetzt, und zum anderen bildeten die mächtigen „Freeway"-Paketkästen nur eine kurze Episode im deutschen Postdienst

Auf und am Rande der Straße

Kästen von Briefdepots für Zusteller sind, um Verwechslungen zu vermeiden, meist in hellgrauer Farbe gehalten

auf. Je nach Aufstellungsort ist der eigentliche Behälter auf einem niedrigen Sockel befestigt, dessen Höhe je nach Standort schwanken kann. Im Kleinen sind die Kästen rasch aus Holz- oder Kunststoffteilen hergestellt. Der auf dem Foto vorgestellte Behälter weist folgende Originalmaße auf: Breite 55 cm, Höhe 80 cm, Tiefe 45 cm; die Abdeckung steht an der Vorderseite

Stillleben vom Mai 2000 aus der Nürnberger Innenstadt: normaler Säulenbriefkasten sowie einer mit integriertem Briefmarkenautomat

Briefmarkenautomat der Deutschen Post, Ende der 90er Jahre: Der Gerätekörper steckt in einer Metallschale, an die ein stabiler Ständer quadratischen Querschnitts angeschweißt ist.

Rund um die „gelbe" Post

Die Einführung des Euro verlangte neue, aufwändigere Automaten. So verschwanden diese Geräte, aber vielerorts blieben die nun leeren Ständer einfach stehen

Frontansicht eines solchen Behälters. Ebenfalls eine nette Anregung für die Modellgestaltung ist der von einer immergrünen Hecke umwachsene Briefkasten

etwa 3 cm über. In diesem Zusammenhang noch ein Gestaltungstipp für die Epoche 5: Die Dienstfahrräder für die Zusteller werden an zentralen Punkten in den Zustellbezirken abgestellt, vorzugsweise in der Nähe von Haltestellen öffentlicher Verkehrsmittel.

Eine kleine Flotte gelb lackierter Fahrräder, etwa am Rande eines breiten Gehsteigs, kann das städtische Straßenbild durchaus auflockern!

Fahrrad-Abstellplatz für Briefzusteller in Nürnberg an der Bus- bzw. Straßenbahn-Haltestelle Saarbrückener Straße im Februar 2002

Auf und am Rande der Straße

Straßenbahn und Linienbus

Ehemaliges Kleinbahngleis am Bushalt

Vor dem Staatsbahn-Empfangsgebäude in Rathenow fuhr einmal die Kleinbahn in Richtung Senzke ab. Im März 2001 war sogar noch ein Stück Gleise vorhanden - nunmehr am Bussteig 2

Die durch die Herstellung optischer Geräte bekannt gewordene brandenburgische Stadt Rathenow war nicht nur Kreuzungspunkt der Hauptstrecke Berlin - Stendal - Hannover mit der „Städtebahn" Brandenburg - Rathenow – Neustadt/Dosse, sondern einst auch Ausgangspunkt einer Schmalspurbahn (Spurweite 750 mm). Am 2. April 1900 konnte deren 31,6 Kilometer lange Stammstrecke Rathenow – Senzke – Paulinenaue eröffnet werden, am 1. Oktober 1901 folgte der 20,1 Kilometer lange Abschnitt Senzke – Nauen. In Rathenow befand sich der Betriebsmittelpunkt der „Kreisbahn Rathenow – Senzke – Nauen" mit Verwaltungsgebäude, Stückgutschuppen und Betriebswerkstätte; alle Anlagen lagen nördlich der Staatsbahngleise. Den Bahnhofsplatz überquerte dabei das zum Güterbahnhof führende Kleinbahngleis.

Zwar wurde der Betrieb zwischen Senzke und Paulinenaue bereits 1924 weitgehend eingestellt, doch kam es erst nach

Aus Kunststoff gefertigter Bremssandbehälter der VAG Nürnberg an der Endschleife Worzeldorfer Straße (August 1992)

„Uriger" und im Modell sogar leichter nachzubilden wäre dieser Bremssandbehälter der damaligen Stadtwerke Frankfurt am Main, aufgestellt an der Endstelle Oberursel-Hohemark der Linie U 3. Die Aufnahme entstand im September 1987

Straßenbahn und Linienbus

Keinen Bremssand, sondern Streusalz enthält dieser Behälter aus Waschbeton (Nürnberg, Sommer 1992)

Ende des Zweiten Weltkriegs zu einer weiteren Stilllegung. Im Spätsommer 1945 mussten als Reparationsleistung die Gleise von Rathenow aus demontiert werden, bis die Abbauarbeiten beim Ort Kotzen gestoppt wurden. Rathenow hatte damit seinen Kleinbahnanschluss verloren.

Am Bussteig 2 des Rathenower Bahnhofsvorplatzes stoßen wir heute jedoch auf ein interessantes Eisenbahnrelikt: Parallel zum Empfangsgebäude ist ein schmalspuriges Rillengleis ins Straßenpflaster eingelassen. Wenn auch die Frage offen bleibt, ob es sich noch um das „echte" Kleinbahngleis oder eine Art Reminiszenz handelt, reizt die Situation zu einer Nachgestaltung im Kleinen. Da eine Funktionsfähigkeit nicht nötig ist, können die Rillen vorbildgerecht sehr eng ausgeführt werden. Für den Maßstab 1:87 sind beispielsweise einige Dezimeter N-Gleise die Basis und Straßenpflasterfolie vervollständigt das Ganze. Beachten Sie auch die unterschiedlichen Pflasterungsformen – auf diese kleine Mehrarbeit sollte ebenfalls nicht verzichtet werden.

Bremssandbehälter

Auf den ersten Blick zum Themenbereich „Streugut" gehörend, ist das Vorsehen von Bremssandbehältern bei Straßenbahnbetrieben jedoch nicht auf die Winterszeit beschränkt. Ebenso wie die Triebfahrzeuge der „großen" Eisenbahn verfügen auch Straßenbahntriebwagen über Streusandbehälter zur fallweisen Erhöhung der Reibung zwischen Rad und Schiene. Der verwendete Sand muss stets trocken sein, um eine optimale Wirkung zu erzielen. Darum sind an verschiedenen Punkten der jeweiligen Straßenbahnnetze – meist an Endhaltestellen oder Zwischenhalten mit Wendemöglichkeit – spezielle Behälter aufgestellt, um gegebenenfalls unterwegs ein Auffüllen der Sandvorräte zu ermöglichen.

Prinzipiell ähneln Bremssandbehälter normalen Steugutbehältern, doch gibt es zwei wichtige Unterschiede: Um den Sand trocken zu halten, müssen Bremssandbehälter wasserdicht sein. Weiterhin sind sie beim großen Vorbild stets abgeschlossen, um eine Sandentnahme durch Unbefugte zu verhindern. Während die Dichtigkeit bei modernen „Kunststoffkisten" kein Problem darstellt, wurden

Auf und am Rande der Straße

Aufwändige Bremssandbehälter finden sich bei den Leipziger Verkehrsbetrieben (LVB), wie hier im März 2002 an der Endschleife in Markkleeberg West

die ursprünglich vorhandenen Holzbehälter zusätzlich mindestens auf den Dachflächen mit Blech beschlagen; auch die Seitenwände wiesen mitunter stabile Blechkanten auf.

Für Modellbauer sind sicherlich solche Behälter reizvoll, denn aufgrund der kantigen Bauweise ist eine Nachgestaltung aus Pappe recht problemlos. Dagegen dürften Nachbildungen moderner Kunststoffbehälter wegen der teilweise abgerundeten Formen schwieriger zu bewerkstelligen sein.

Ebenfalls eine bastlerische Herausforderung stellen „siloförmige" Bremssandbehälter dar, wie sie beispielsweise an mehreren Endhaltestellen der Leipziger Straßenbahn vorkommen. Der oben zylindrische, unten spitz zulaufende Behälter ist an vier Eisenpfosten befestigt und ermöglicht ein bequemeres Entnehmen als mit Schaufeln.

Ungewöhnliches Schwellenrost

In der Regel reichen bei einem auf Schotterbett verlegtem Gleis die Querschwellen für eine sichere Gleislage aus. In manchen Fällen können sich jedoch die Schwellen als ungenügend erweisen, so dass zusätzliche Verankerungspunkte ein Wandern des Gleises in der Bettung verhindern sollen. Eine Gruppe von Schwellen wird dann mit Flach- oder Winkeleisen zu einem sogenannten Schwellenrost verschraubt.

Wenn auch die Schwellenroste überwiegend eine symmetrische Form aufweisen, treffen wir doch hin und wieder auf interessante Sonderkonstruktionen – wie an der Straßenbahnstrecke von Leipzig-Großzschocher nach Knautkleeberg. Südlich der Wendeschleife Großzschocher wechseln die Gleise auf eigenen Bahnkörper und führen geradlinig abwärts zum Elstermühlgraben. Offenbar „arbeitet" der Untergrund an diesem leichten Hang recht stark. Stellenweise sind dort die Schienen – sowohl Vignol- als auch Rillenschienen! – durch zusätzliche Spurstangen verbunden, an anderen Abschnitten jedoch mit Schwellenrosten versehen. Diese reizen wegen ihrer ungewöhnlichen Form zu einer Nachbildung im Modell: Gebogene, etwa fünf Meter lange Schienenstücke

Straßenbahn und Linienbus

Ungewöhnliche Schwellenroste in Leipzig-Großzschocher (März 2002)

wurden auf die Schwellen geschraubt, wobei keine Regelmäßigkeit erkennbar ist.

Interessantes Detail am Rande: Die Spurweite der Leipziger Straßenbahn entspricht nicht der Normalspur von 1435 mm, sondern ist mit 1458 mm über zwei Zentimeter größer! Dieser Unterschied ist selbstverständlich beim bloßen Betrachten der Gleise nicht bemerkbar – Sie müssten schon mit dem Metermaß unterwegs sein....

Warum sollten wir einen solchen Schwellenrost nicht auch auf einem Gefälleabschnitt im Kleinen nachgestalten? Geeignete Schienenprofile, die dann leicht zu biegen sind, finden sich in jeder Bastelkiste. Bei Baugrößen von H0 an abwärts ist eine Nachbildung der Schienenbefestigung auf den Schwellen wohl nicht notwendig, sofern sich der Gleisabschnitt nicht direkt einsehbar am Anlagenrand befindet. Andernfalls wäre ein größerer Arbeitsaufwand nötig, der den Charakter einer bloßen Kleinbastelei doch sprengen würde. Die zusätzlich angebrachten Schienenstücke erhalten noch einen kompletten rostbraunen Anstrich, da sie ja nie von Rädern befahren und dadurch blank geschliffen werden.

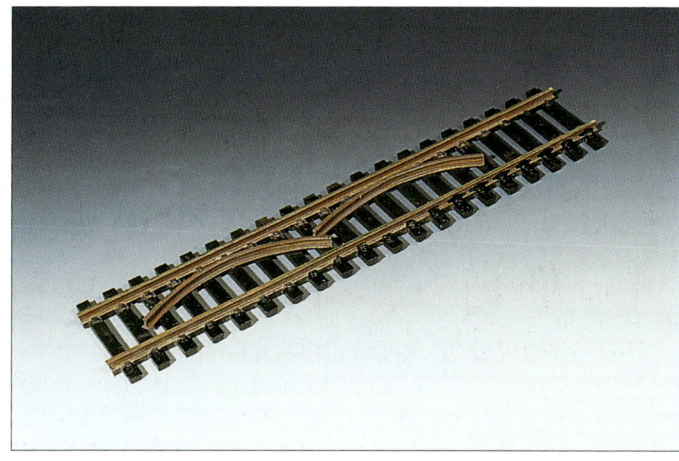

H0-Schwellenrost aus Roco-Schienenprofilen auf einem Gleisstück der gleichen Firma

Auf und am Rande der Straße

Straßenbahn-Prellbock der VAG Nürnberg am Abstellgleis der Endschleife Worzeldorfer Straße (Mai 2002). Während der Warnanstrich der Pufferplatte schon ziemlich verblasst ist, macht die Lackierung des Stützpfostens noch einen ganz guten Eindruck

Ansicht des beschriebenen Prellbocks von hinten

Prellbock für die Straßenbahn

Prellböcke sind bei Straßenbahnen – sehen wir einmal von Betriebshöfen ab – seltener anzutreffen als bei der „großen" Eisenbahn und auch wesentlich anders gestaltet. Dort gibt es, abgesehen von den Bahnen in den GUS-Staaten sowie Schmalspurbahnen – noch keine Mittelpufferkupplungen in größerem Stil, während diese bei Straßenbahnen der Regelfall ist.

Daher können sich Straßenbahn-Prellböcke auf *einen* Puffer innerhalb des Gleises beschränken und benötigen keine breite Bohle zum Auftreffen Fahrzeugpuffer. Eine einheitliche Prellbockbauart findet sich allerdings nicht, denn nicht wenige Verkehrsbetriebe versuch(t)en sich in Eigenkonstruktionen. Hier soll ein Prellbock vorgestellt werden, wie er im Straßenbahnnetz der VAG Nürnberg anzutreffen ist.

Kernstück bildet ein in Gleismitte angebrachter, ab Schienenoberkante 88 cm hoher Pfosten mit dem Querschnitt 18 x 14 cm. An dessen Vorderseite ist der eigentliche Stoßfänger angebracht, bestehend aus einer 40 x 25 cm große Blechplatte, sechs strammen Federn (Tiefe etwa 16 cm; Anordnung 3 x 2) und daran wiederum einer stabile Blechplatte mit den gleichen Abmessungen. Die Farbgebung des Prellbocks ist weiß, die „Federn" sind schwarz. Die vordere Pufferplatte besitzt einen rot-weißen Warnanstrich, wobei die Streifen schräg oder waagrecht verlaufen können.

Der Bau des Modells ist bis auf die „Federn" nicht schwer. Als Pfosten verwenden wir ein entsprechendes Profil aus Metall, Kunststoff oder Holz, die beiden Platten bestehen aus den

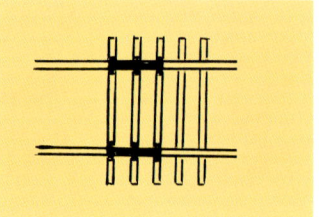

Die schwarz markierten Abschnitte aus einem Lattenzaun benötigen wir – entsprechend befeilt – für unseren Straßenbahn-Prellbock. Achtung: Skizze ist unmaßstäblich und nur als Prinzip zu betrachten!

Straßenbahn und Linienbus

gleichen Materialien oder auch nur aus Pappe. Für die „Federn" können wir in den Maßstäben 1:87 oder 1:120 einen Kunstgriff anwenden: Da die Anfertigung sechs einzelner Teilchen eine zu große Geduldsprobe darstellt, greifen wir zu Polystyrol-Lattenzäunen der jeweiligen Baugrößen und schneiden dort gemäß Skizze zwei Querbalkenabschnitte mit je drei Lattenansätzzen heraus. Nach entsprechendem Befeilen kleben wir die beiden Plastikteile zusammen und anschließend zwischen die zwei Platten. Wegen des geringen Abstandes befriedigt der äußere Eindruck durchaus, da der „Querbalken" innen kaum sichtbar ist.

Ach ja, eine Besonderheit soll nicht unerwähnt bleiben. Wenn es oben hieß, Straßenbahn-Prell-

H0-Modell des Straßenbahn-Prellbocks nach Nürnberger VAG-Vorbild

böcke befinden sich in Gleismitte, so ist dies selbstverständlich der Normalfall. Doch keine Regel ohne Ausnahme! Im Stumpfgleis der Schleife an der Nürnberger Christuskirche wurde der Prellbock auf der einen Schiene, also extrem asymmetrisch angebracht. Grund dafür ist, dass sich das Gleisende bereits in einer Krümmung befindet, die ein Fahrzeug auf den Gleisen aber wegen der kurzen Entfernung nicht „mitmacht", da Radsätze und Wagenkasten noch in der Geraden laufen.

Der im Haupttext erwähnte asymmetrisch zum Gleis aufgestellte Prellbock in der Wendeschleife Nürnberg-Christuskirche

Die Modellbahn hört nicht am Bahndamm auf: Ein klassischer DB-InterCity rauscht durch die Weinberge an einem kleinen Anwesen vorbei
Foto: Markus Tiedtke

Um Haus

und Garten

Um Haus und Garten

Obstbaumpflege

Junge Obstbäume sollten mindestens bis zum Alter von etwa sieben Jahren Baumscheiben erhalten – diese kleinen Erdflächen dürften sich auch im Modell-Obstgarten recht gut machen. Basierend auf einem Vorbild-Durchmesser von ca. 80 bis 120 cm wird einfach um den Stamm der „Bewuchs" der Grasmatte entfernt und gleichmäßig braune Farbe oder etwas Streumaterial aufgebracht.

Vielfach schützt man Obstbäume mit einem im Dezember oder Januar anzubringenden Kalkmilch-Anstrich des Stammes vor winterlicher Kälte. Die weiße Farbe verhindert eine zu starke Absorption der Sonnenstrahlung durch den Stamm und dämpft damit die Temperaturunterschiede zwischen Tag und Nacht. Warum solle es „im Kleinen" anders sein? Wenn also Ihre Anlage oder das Diorama jahreszeitlich in den kälteren Monaten angesiedelt ist, bringen einige weiße Stämme der noch unbelaubten – oder auch schon blühenden – Bäume sicherlich weitere Abwechslung in einen Garten. Da der Anstrich bisweilen länger hält, trifft man sogar mitunter auf bereits belaubte Obstbäume, deren Stamm noch weiße Kalkspuren zeigt.

Kleines Demonstrations-Schaustück zu den im Haupttext angeschnittenen Themen: Obstbaum mit Baumscheibe, stillgelegtes Wasserbecken und Regentonne

Bewässerung

Bis in die 60er Jahre hinein war es gang und gäbe, in Gärten Re-

Obstbaumpflege • Bewässerung

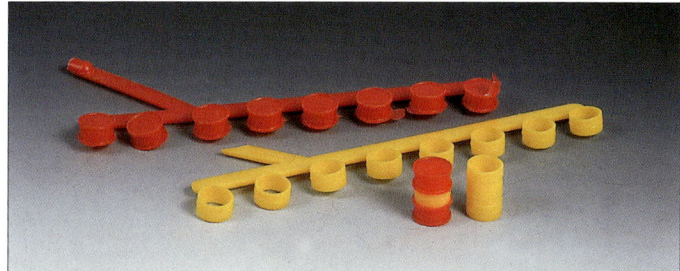

Der Kibri Bausatz 9386 („Ölfässer") dient als Basis für den Bau von Regentonnen. Hinten die verschiedenen Spritzlinge; vorn links ein daraus entstandenes Ölfass (rot-gelb-rot), daneben ein aus drei gelben Teilen entstandenes Wasserfass

Gekalkte Obstbäume in Siedlungsgärten

Bauteile des kleinen Wasserbehälters im Maßstab 1:87. Von links nach rechts: Breitseite, Schmalseite, Grundriss

genwassertonnen aufzustellen. Vielfach ist es möglich, das Fass unter einer Dachrinne eines Schuppens oder sonstigen Anbaues zu platzieren, um die auffangbare Wassermenge zu erhöhen. Wo eine solche Aufstellung nicht möglich ist, lassen sich oft zusätzliche Rohre von Dachrinnen zu weiter entfernt stehen-

Hier wird das Wasser aus der Dachrinne in eine zwei Meter abseits stehende Regentonne geleitet

Um Haus und Garten

Das Verbindungsrohr zur Regentonne wurde wegen Frostgefahr entfernt, aber im hinteren Garten ist noch eine längere „Pipeline" an das Ablaufrohr angeschraubt

den Tonnen verlegen. Für die Modellgestaltung finden sich passende Drahtstückchen oder Kunststoffteile zum Bau der „privaten Pipeline" wohl in jeder Bastelkiste, und für die Regentonnen gibt es passende Teile als Zubehör im Handel.

Immer gut machen sich Regenwassertonnen, doch sind die von der Zubehörindustrie gelieferten Fässer mehr für (beim Vorbild) Öl und dergleichen gedacht. Vorbildtonnen haben einen Durchmesser von ca. 60 cm bei einer Höhe von 88 cm. Um von Struktur und Größe eine zeitgemäße Wassertonne für den Garten zu erhalten, greifen wir im H0-Maßstab zu einem kleinen Kunstgriff und verwenden als Basis den Kibri-Bausatz Nr. 9386, aus dem regulär Ölfässer entstehen. Wir verwenden für eine Regenwassertonne jedoch nur jeweils drei der Mittelteile und kleben sie aufeinander. Durch ihre gelbe Grundfarbe sind leicht andere Lackierungen – etwa ein mattes Hellgrün – möglich. Von den Ausmaßen her passt die so entstandene Tonne genau in unseren H0-Garten! Zwar besitzt sie nun keinen Boden, doch erübrigt sich dieser für ein stehendes Modellfass ohnehin. Und ein Deckel ist ebenfalls nicht unbedingt nötig…

In manchen Gärten hielten sich ältere Regenwasserzisternen bis heute, auch wenn sie mittlerweile nicht mehr als solche genutzt werden. Als Beispiel sei ein aus Klinker gemauerter quaderförmiger Behälter vorgestellt; innen ist er verputzt. An einer Stirnseite befand sich der Wasseranschluss, an dem auch Gartenschläuche angebracht werden konnten. Die Maße der vorgestellten Zisterne: Länge 135 cm, Breite 100 cm, Höhe 90 cm. Zur Nachbildung im Maßstab 1:87

Obstbaumpflege • Bewässerung • „Schützt eure Anlagen"

eignet sich eine Vollmer-N-Mauerplatte mit Klinkerstruktur (Nr. 7361), die nur entsprechend zu altern und mit normalem Karton zu verstärken wäre.

Regenwassertonnen fanden sich in früherer Zeit aber auch an „dienstlichen" Gebäuden. Um die Füllung zu beschleunigen, leitete man zusätzlich Dachrinnenwasser in die Fässer, indem ein Abflussrohr kurz über der Tonne in einem kurzen Bogenstück endete. Fazit: ein kleines, rasch gebasteltes Detail für Anlagen der Epochen 1 bis 3. In Bausätzen sind mitunter Abflussrohre überzählig, zudem gibt es sie als Zubehör auch in Einzelteil-Packungen.

„Schützt eure Anlagen!"

Auf Rasenflächen vor Mietshäusern oder in Grünanlagen bringt man häufig niedrige Schilder an, die ein Betreten des Rasens, dessen Benutzung als Spielwiese oder das Freilaufen von Hunden untersagen. Obschon unsere Miniatur-Zwei- und Vierbeiner kaum Schäden verursachen werden, können Sie zumindest von Baugröße H0 an aufwärts ebenfalls in gepflegten Grünanlagen einige solcher Tafeln aufstellen, wobei die Beschriftung zumindest in H0 nur angedeutet zu werden braucht.

Benötigen die Stellwerksbediensteten so viel Wasser zum Blumengießen – oder haben sie in der Nachbarschaft noch einen kleinen Garten?

Was meint nur diese Tafel mit „abhalten"? Gesehen im Februar 2002 in der Nürnberger Südstadt

Bei diesem reichhaltigen Angebot fällt die Auswahl schwer
Foto: Willy Kosak

Um Haus und Garten

Am Vorgarten

Säulen für die Gartentür

Obgleich Nachbildungen von Zaunsäulen an Gartentüren inzwischen von verschiedenen Firmen als Zubehör angeboten werden, lohnt sich doch ein Selbstbau wegen der äußerst niedrigen Materialkosten. Was wir benötigen, sind Holzleistchen mit geeignetem Querschnitt und etwas Karton. Im Maßstab 1:87 bieten sich Leisten von 4 bis 5 mm Breite und 3 bis 5

Innenseite eines Jägerzauns (Vollmer) mit daraus entstandener Gartentür zwischen zwei aus Holzleistchen gebauten Säulen, von denen die linke auch einen Hausbriefkasten besitzt. Daneben die runde Zeitungsbox

mm Tiefe an. Die Höhe beträgt in unserem Beispiel 11 mm, was einer Vorbildhöhe von gut 95 cm entspricht. In der Regel schwanken dort die Säulenhöhen zwischen 85 und 100 cm. Als Abdeckplatte dient ein Kartonstück, dessen Fläche geringfügig über den Säulenquerschnitt hinausragt.

An einer Säule bringen wir noch die Imitation eines Hausbriefkastens an. Während dazu für vorn ein Plättchen dünner Pappe – Andeutung der Klappe – genommen wird, genügt dazu an der Innenseite der Säule Papier. Beides erhält einen grauen oder silbergrauen Anstrich und sollte sich leicht von der Farbe der Säule abheben. Die Größe des Briefschlitzes sollte so bemessen sein, dass ein „B 4-Modellbrief" (Breite 250 mm) gut eingeworfen werden könnte;

kleinere Schlitze waren dagegen eher für die früheren Epochen 2 oder 3 charakteristisch.

Gartentüren

Haben wir Säulen gemäß obigem Vorschlag gesetzt, werden wohl Gartentüren aus Zaunsortimenten der Zubehörindustrie meist nicht genau passen. Aber keine Sorge – sie sind schnell gebastelt! In unserem Beispiel verwendeten wir dazu Vollmer-Zäune (ohne Maueransatz) aus der H0-Packung 5018. Aus dem Zaun wird ein Stück in der gewünschten Breite herausgetrennt und innen mit entsprechenden Verstärkungsstreifen aus Pappe versehen: an den beiden Enden je einmal senkrecht sowie eine Diagonalstrebe quer über die Tür. Hier ist, besonders wenn eine ge-

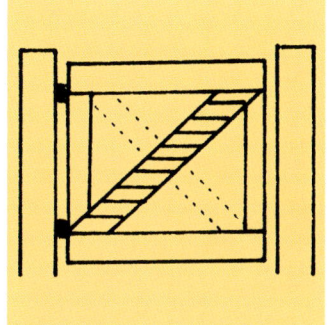

Prinzipskizze des Lattenverlaufs einer Gartentür. Schraffiert: richtige Lage; punktiert: verkehrt!

öffnete Gartentüre nachgebildet werden soll, die Richtung wichtig: Gemäß Skizze weist der untere Teil stets auf die Scharnierseite der Türe zu.

Die beiden waagrechten Streben sind bereits am Zaun vorhanden; wer es genau nimmt, kann sie aber noch etwas verstärkt darstellen.

Zeitungsbox

Ein typisches Ausstattungsdetail für Wohngebiete ab der Epoche 4 sind die in verschiedenen Formen anzutreffenden Zeitungsboxen an Hauseingängen oder Gartenzäunen. Die Größe der Behälter schwankt zwischen ca. 45 und 50 cm Länge, der Durchmesser von Boxen mit kreisrundem Querschnitt beträgt etwa 15 bis 18 cm. Diese Art von Behältern ist denn auch am leichtesten im Modell nachzubilden, indem man hölzerne Rundprofile verwendet. Für die Baugröße H0 eignen sich solche mit 2 mm Durchmesser, wie sie in Bastelgeschäften für Schiff- oder Flugzeugmodellbau erhältlich sind. Wegen der Kleinheit fällt der fehlende Hohlraum zumindest bis zum Maßstab 1:87 nicht auf; die "offene" Stirnseite wird einfach schwarz gefärbt. Selbstverständlich können auch feine Messingröhrchen als Basis dienen. Bezüglich der Lackierung sind der Phantasie kaum Grenzen gesetzt: Von den Hausfarben der jeweiligen Tageszeitung schwankt die Bandbreite bis zu relativ unauffälligen dunkelbraunen Farbtönen ähnlich des Gartenzauns. Die Anbringung der Boxen erfolgt bei Vorgärten meist an der Zauninnenseite nahe oder direkt an der Gartentüre.

Halbhohe Gartenmauer

Für Modell-Gartenmauern bietet sich als Baustoff ebenfalls

Vorderseite eines Vollmer-Jägerzauns mit selbst gebastelten Säulen und zwei Koordinatentafeln für Wasser- und Gasanschlüsse

Um Haus und Garten

Kurze angewinkelte Einfassungsmauer; Baumaterial ist Balsaholz. Die schwarz-weiße Kennzeichnung an der Ecke, wie in den Fünfzigerjahren gebräuchlich, soll Verkehrsteilnehmer warnen

Hinteres Ende der Mauer   Foto: Ilona Werner

Sperr- oder Balsaholz an, wobei letzteres besonders gut zu bearbeiten ist - und auf punktuelle Druckfestigkeit kommt es hier ja nicht an. Gehen wir von einer Vorbild-Mauertiefe von 40 bis 50 cm aus, können wir die benötigte Materialstärke für unsere Baugröße leicht berechnen; die Mauerhöhe hängt vom speziellen Umfeld ab. Auf einer früheren H0-Anlage des Verfassers wurde die angewinkelte Mauer zu Abgrenzung eines kleinen Biergartens zwischen dem Gasthaus und der Straße benötigt und für eine Vorbildhöhe von etwa 70 cm ausgelegt. Die Abdeckplatten sind aus Pappe. Darauf stehen einige Blumenkästen, wie sie manchen Bausätzen als Ausschmückungsteile beiliegen.

Sicherung von Baulücken oder leeren Gebäuden

Ein aus Karton gefertigter Zaun sperrte auf einer früheren H0-Anlage des Verfassers eine Baulücke zwischen Gasthof und Geschäftshaus ab
Foto: Iona Werner

Sicherung von Baulücken oder leeren Gebäuden

Provisorischer Holzzaun

Im Gegensatz zu Situationen mit reinen Bauzäunen, die konkret eine Baustelle schützen sollen, treffen wir hin und wieder auf längerfristige Baulücken. Zwar mögen dort Pläne für eine Wiederbebauung bestehen, doch ist eine baldige Realisierung

Das heraus genommene H0-Modell des Holzzauns

Um Haus und Garten

Die im Haupttext beschriebene provisorische Schutzmauer in Neusiedl am See

nicht in Sicht. Zur Straßenseite hin werden diese Lücken dann mit einem hohen (mindestens etwa zwei Meter!) Bretterzaun verschlossen, um unbefugtes Betreten des Geländes möglichst zu verhindern. Warum sollten wir so etwas nicht im Modell nachgestalten?

Aus Pappstreifen und dünnen Holz- oder Kunststoffstäbchen als „Skelett" ist schnell ein Zaunrohling gebastelt, der dann einen schmutzig-braunen Anstrich erhält. Reklameplakate können für Auflockerung sorgen. Gut wirkt zudem ein inzwischen fehlendes Brett im Zaun; etwaige Unfallverletzungen spielender Kinder haben wir ja im Kleinen nicht zu befürchten…

Zeitweilige Schutzmauer

Eine weitere Möglichkeit ist die Errichtung zeitweiliger Mauern, um Unbefugte am Betreten eines Grundstücks zu hindern. Meist sieht man den Mauern deutlich an, dass sie „auf die Schnelle" errichtet wurden: kein Verputz, teilweise etwas schief und mit einer primitiven Holztür versehen. Gerade deshalb aber ein schönes Beispiel für eine kleine Bastelei! Die Mauer wird entweder aus Kunststoffplatten oder aus Karton-Mauerplatten hergestellt, diese müssten dann aber auf dünnes Sperrholz geklebt werden. Die leicht windschiefe Tür besteht aus Holz oder Pappe.

Das im Sommer 1999 in Neusiedl am See aufgenommene Foto zeigt eine solche Situation am Gelände des sogenannten Saliterhofs, einer einstigen Salpetersiederei. Die alten Gebäude dort wurden schon vor vielen Jahren weitgehend abgebrochen und durch Neubauten ersetzt, doch hielt sich ein kleines, längst nicht mehr bewohntes Häuschen länger. Ganz gleich, ob man eine Restaurierung plante oder das kleine Grundstück völlig neu bebauen wollte – es war offensichtlich kein baldiger Beginn der entsprechenden Arbeiten vorgesehen. Also musste eine recht primitive Ziegelmauer das Grundstück vor unbefugtem Betreten schützen.

Kleine Trafostation in der Siedlung

Elektrischer Strom wird auf seinem Weg von der Erzeugung zum Endverbraucher mehrmals „umgespannt". Über große Entfernungen benötigt man sehr hohe Spannungen (bis zu 380 kV), um den Spannungsverlust bei relativ kleinen Leitungsquerschnitten zu minimieren. Für Endverbaucher ist diese Spannung jedoch viel zu hoch und muss in mehreren Schritten über ein sog. Mittelspannungsnetz (5–20 kV) zu Umspannstationen geleitet werden, wo sie auf Haushaltswerte (ursprünglich 220 V, jetzt 230/240 V) reduziert wird.

Daher finden sich in unseren Städten und Dörfern zahlreiche kleinere Trafostationen zur örtlichen Stromversorgung. Wegen der heute weitgehend unterirdischen Stromführung durch Erdkabel sind solche Stationen meist recht unscheinbar und vielfach geschickt in die Umgebung integriert. Eine gute Zugänglichkeit ist jedoch trotzdem im Falle etwaiger Störungen notwendig! In lockeren Siedlungsgebieten mit Gärten um die Wohngebäude bieten sich Grundstücksgrenzen für kleine Trafostationen an, wie folgendes Beispiel aus Nürnberg zeigt.

Zwischen dem Grundstück zu einem Siedlungshaus und einer benachbarten Seniorenwohnanlage findet sich etwas versteckt, aber nur wenige Meter von der Straße entfernt eine ganz im Stil der 1960er Jahre - d.h. schlicht und sachlich - gehaltene Trafostation der Firma N-Ergie (vormals EWAG). Die Breite an der Straßenseite misst etwa 4,4 m, die Tiefe beträgt 5,6 m, die Gesamthöhe dürfte ca. 3,2 m betragen. Zwar steigt beim Vorbild das Gelände nach hinten ganz leicht an, doch können wir dies bei einem Modell vernachlässigen.

Das Gebäude besitzt zwei asymmetrisch angeordnete und unterschiedlich breite Metalltüren, aber keine Fenster; die Wände sind mit kleinen Fliesen verkleidet. Den oberen Abschluss bil-

Die kleine Trafostation Gersweilerstraße in Nürnberg liegt mitten im Wohngebiet an einer Grundstücksgrenze. Das mit Kies bedeckte Flachdach machte im Frühjahr 2002 schon einen recht verwitterten Eindruck. Die rechts sichtbare Garage wurde erst unlängst gebaut. Zuvor befand sich dort ein großer Obstbaum…

…wie dieses 1997 aufgenommene Bild zeigt. Auch im Modell kann eine solche nachträgliche Veränderung der Umgebung interessant sein!

Um Haus und Garten

Frontansicht der Trafostation. Ordnung muss sein: Selbst eine Hausnummer fehlt nicht

det ein Flachdach mit 0,4 m hohem Außenrahmen; zwischen diesem und dem Mauerrand besteht außen eine 5 cm hohe „Fuge". Das Innere des Daches ist mit Kies gefüllt.

Bau des Modells

Zum Bau verwenden wir Sperrholz oder steifen, nicht fasernden Karton (Stärke etwa 1 mm); bei den leicht nach hinten versetzten Türen kann auch schwächeres Material genommen werden. Für die Baugröße H0 – eventuell auch noch TT – bieten sich auch Vollmer-Mauerplatten aus stärkerem Karton an. Die Struktur der N(!)-Platte Nr. 7361 entspricht nämlich weitgehend der des Vorbildes, lediglich die Farbe wäre mit dem Auftrag von Deckweiß oder weißer Plaka-Farbe zu ändern. Wenn man die Mauerplatten auf der Rückseite mit Holzprofilen versteift, reicht die Festigkeit bei den geringen Gebäudemaßen völlig aus.

Bei der Frontseite ist wegen der beiden Türen ein Arbeiten mit zwei Pappschichten nötig. Grundlage bildet normaler, 1 mm starker Karton, auf den die drei „gemauerten" Abschnitte mit Mauerplattenstreifen aufgeklebt werden. Die beiden Türen

Hauptbauteile der Trafostation im H0-Maßstab

Kleine Trafostation in der Siedlung

in den Lücken sind dadurch automatisch zurück versetzt. Die Andeutung kann mit entsprechend eingefärbten Selbstklebeetiketten erfolgen; waagrechte Lüftungsschlitze ritzen wir mit einer Schneidfeder ein.

Die Seitenwände werden durch eine dünnere Pappscheibe, die geringfügig über den Gebäudegrundriss hinaus ragt, abgedeckt. Darauf, jedoch auf allen Seiten einige Millimeter kleiner, kleben wir eine weitere, diesmal 1 mm starke Pappscheibe als eigentliche Unterlage für das Dach. Wegen dessen Flachbauweise fehlen Dachrinnen. Der beim Vorbild 0,4 m hohe Dachrahmen ist ungefähr 0,2 m breit und kann aus Holz oder Kork entstehen. Im letztgenannten Fall ist wegen der Materialstruktur oben und an den Außenseiten noch ein Verkleiden mit Papier notwendig. Schließlich streichen wir das Ganze in einem matten Grau. Als Kiesnachbildung eignet sich gut hellgrauer Gleisschotter, der auf einen Styropor- oder Korkkern aufgetragen wird.

Modell der Trafostation mit abgenommenem Dach...

...und fertig gedeckt

Um Haus und Garten

Nachträglich angebrachte Kaminmanschetten bei einem Ho-Häusermodell der früheren Firma VERO. Das Gebäude ist nunmehr im Auhagen-Programm enthalten

Kamine • Potemkinsche Bemalungen

An der Längsseite des Gebäudes sind Fachwerk und Fenster lediglich aufgemalt!

Kamine

Auf den ersten Blick ein banales Thema, denn passende Kamine sind ja Bestandteile von Gebäudebausätzen und auch eine Selbstanfertigung normaler Schornsteine bereitet im allgemeinen wenig Probleme. An dieser Stelle soll nun auf ein oft vergessenes Detail eingegangen werden: die Kaminmanschette.

Im Großen sind Schornsteine, anders als bei Modellen, nicht auf das Dach gesetzt, sondern ragen als separate Bestandteile des Hauses durch das Dach in die Höhe. Auch wenn die Dachziegel oder -schiefer bis unmittelbar an den Kamin reichen, würde durch die schmale Spalte leicht Feuchtigkeit ins Gebäude dringen. Daher werden diese Verbindungsstellen zwischen Kamin und Dach normalerweise mit Zinkblech- oder Kupfermanschetten abgedeckt.

Namentlich Häusermodelle älteren Konstruktionsdatums besitzen keine nachgebildeten Kaminmanschetten – also greifen wir zur Selbsthilfe. Aus Zeichenpapier sind schnell passende Streifchen ausgeschnitten, die - grau oder kupferfarben gestrichen - um den Kamin geklebt werden. Meist genügt dies bei steilen Dächern an nur drei Seiten, da die Rückfront wegen der Dachneigung kaum einsehbar ist. Beim Schornstein selbst wird

eine Andeutung der Manschette durch bloße Bemalung genügen.

Potemkinsche Bemalungen

Vereinfacht gesprochen steht der Begriff „Potemkin" hier für die Vorspiegelung in dieser Form gar nicht vorhandener Dinge. Gehen wir mit offenen Augen durch die Gegend, treffen wir mitunter auf Gebäudewände, die bei genauerem Hinsehen überhaupt keine „plastische" Fassade mit Fenstern, Verzierungen und dergleichen besitzen, sondern nur eine entsprechende Bemalung. Auf diese Weise lassen sich ansonsten eintönige Wände auflockern, ohne dass die Innengestaltung des Gebäudes auf Fenster oder Türen Rücksicht nehmen muss. Eigentlich sind derart bemalte Wände auch eine schöne Anregung zur Gestaltung im Kleinen - etwas Zeichentalent vorausgesetzt. Und wer es sich nicht zutraut, greift vielleicht zu einem Karton-Bastelbogen und verwendet entsprechende Teile daraus.

Das hier gezeigte Beispiel aus dem Nürnberger Vorort Weiherhaus zeigt eine ehemals triste Wand an einem längeren Gebäude. Diese erhielt eine Bemalung mit hier recht weit verbreitetem Fachwerk nebst drei Pseudo-Fenstern; auf den „Fensterbänken" wurden sogar Blumen angedeutet. Nur der Steinsockel ist plastisch. Durch die im Laufe der Jahre erfolgte Verwitterung wirkt die lange Wand - die Stirnseite ist dagegen echt - auf den ersten Blick überhaupt nicht „potemkinsch"…

In Wald

und Flur

Mit dem Zug in den Wald: Mitten hinein in die ausgedehnten Forstgebiete rumpelt die Waldbahn, auf der zu Stoßzeiten sogar noch Dampfloks eingesetzt werden
Foto: Horst Meier

In Wald und Flur

Außenansicht der Schutzhütte am Kleinen Fichtelberg im August 1997

Zwei Schutzhütten für Wanderer

„Wu de Walder haamlich rauschen..."

Ganz klar – die Anfangszeile des Volkslieds von Anton Günther kann sich nur auf das Erzgebirge beziehen, und dort, am Kleinen Fichtelberg südwestlich von Oberwiesenthal, steht auch das Vorbild dieser Schutzhütte. Charakteristisch für das Erzgebirge sowohl auf sächsischer als auch böhmischer Seite sind derartige Bauten mit vollständig bis zum Boden herunter gezogenem Satteldach. Dadurch besteht eine solche Hütte eigentlich nur aus drei Grundbauteilen: zwei Dachflächen und einer Rückwand. In ähnlicher Form gibt es auch Wartehäuschen an Bushaltestellen, doch soll hier die etwas „rustikalere" Bauart für Wanderer oder Spaziergänger vorgestellt werden.

Natürlich besteht ein Nachbau im Modell aus etwas mehr als drei Teilen, dennoch gestaltet er sich recht einfach und erfordert nur geringen Materialeinsatz. Um genügend Stabilität zu gewährleisten, bestehen die Dachhälften aus Kunststoffplatten – hier gibt es beispielsweise im Sortiment der Firma Auha-

Die Holzkonstruktion im Inneren der Schutzhütte

Zwei Schutzhütten für Wanderer

gen für die Baugröße H0 die geeignete Struktur „Dachplatte Zementfaser" (Artikelnummer 52 215). Die zugeschnittenen Plattenteile werden innen an der Oberkante schräg abgefeilt, um sie später ohne einen größeren nach außen sichtbaren Spalt zusammenkleben zu können.

Aus optischen Gründen – Einblick durch die relativ weite Frontöffnung! – sollte auch die Holzkonstruktion der Dachinnenseite angedeutet werden. Dazu dienen rauhere Selbstklebeetiketten, in die Bretterfugen eingeritzt und rechtwinklig dazu dünne Profile aus Kunststoff, Holz oder Pappe aufgeklebt werden. Nach dem Anbringen der Etiketten innen auf der Dachplatte erfolgt bereits die Einfärbung mit braunen Farbtönen. Anschließend wird

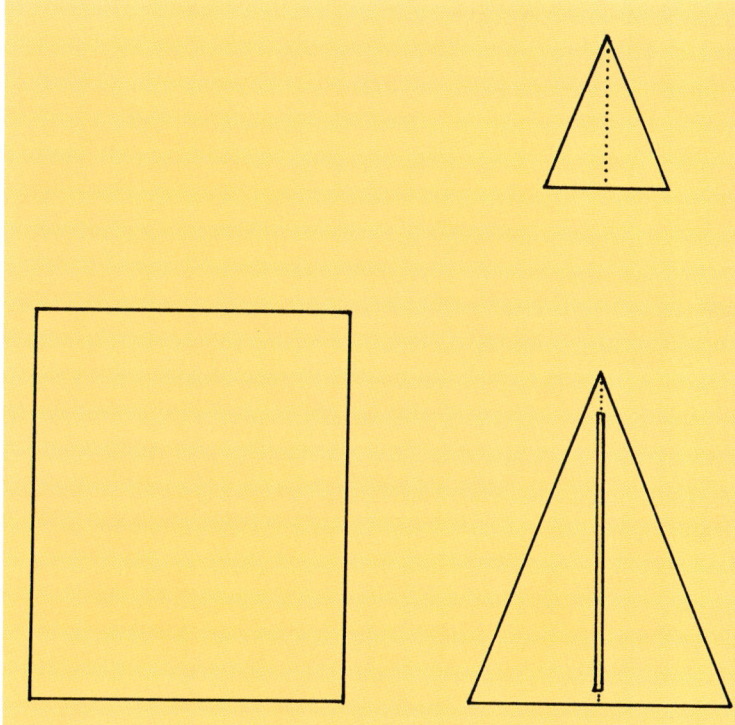

Die Bauteile der Hütte

aus nicht faserndem Karton oder Sperrholz die Rückwand zugeschnitten, ebenfalls mit waagrechten Bretterfugen versehen und eingefärbt. Nun kann der Zusammenbau der drei Hauptbauteile erfolgen.

Die abschließenden Arbeiten gehen rasch von der Hand:

Das Hütteninnere bekommt eine Bodenplatte (Vorbild: Beton), die aus Sperrholz oder stärkerer Pappe mit eingeritzten Plattenfugen entsteht. Vorder- und Rückseite der Platte werden mit liegenden Baumstämmen abgeschlossen. Innen erhalten unsere Miniatur-Wanderer Sitzgelegenheiten. In den vorderen Giebel kleben wir gemäß Vorlage oben eine kurze „Bretterwand" – diesmal mit senkrecht verlaufenden Fugen – ein. Wenn am Dachfirst noch etwaige Nacharbeiten (ggf. Spachteln und/oder Bemalen) erfolgt sind, kann die Schutzhütte an einem Forst- oder Wanderweg aufgestellt werden.

Kubische Hütte

Ohne konkretes Vorbild entstand eine kleine hölzerne Schutzhütte für Wanderer. Solche Häuschen finden sich in mannigfachen Formen und Größen beim Vorbild, so dass auch Bastler beim Bau viele Freiheiten genießen – mit Absicht haben

Die gealterte Hütte, daneben eine rustikale Hinweistafel

wir daher hier auf eine Maßskizze verzichtet. Wenn bei der Nachgestaltung eine Modellfigur als Hilfsmittel zum Größenvergleich verwendet wird, kann eigentlich nichts schiefgehen!
Als Baumaterial des H0-Modells dienten Streichhölzer und flache Holzleistchen. Die abgelängten Hölzer verbinden wir mit Weißleim und lassen alles gut trocknen. Für die Sitzgelegenheit eignen sich flache Holzleisten. Die Abdeckung entstand ebenfalls aus Holzprofilen und wurde anschließend mit gröberem Schmirgelpapier als Asphalt-Imitation beklebt.
Man kann die fertige Schutzhütte entweder in Naturholzfarben belassen – sie stellt dann ein relativ neues Bauwerk dar – oder sie entsprechend mit brauner Farbe behandeln. Neben der Hütte wird schließlich noch ein Abfallbehälter aufgestellt und auch eine kleine Orientierungstafel mit Landkarte bzw. Wanderwegen sollte nicht fehlen.

Offensichtlich legen hier fleißige Miniatur-Arbeiter letzte Hand an die neue, wie aus dem Ei gepellte Hütte

Durch das noch nicht aufgesetzte Dach ist die Inneneinrichtung der Schutzhütte gut zu erkennen

Ablaufrinnen für Regenwasser

Im Coburger Hofgarten führen relativ steile, mit zahlreichen hölzernen Wasser-Ablaufrinnen versehene Wege von der Veste zur Stadt

Ablaufrinnen für Regenwasser

Wenn Wege größere Gefälleabschnitte aufweisen, besteht die Gefahr, dass sich dort bei starkem Regen eine Art zeitweiliger Bach bildet, der durchaus die Wegdecke beschädigen kann. Daher sieht man in solchen Fällen im Abstand von einigen Metern den Bau von leicht schräg kreuzenden Ablaufrinnen vor, um das Regenwasser etwas zu kanalisieren. Während diese Rinnen in Straßen massiv aus Steinen oder Beton errichtet werden, genügt bei Wegen ohne Fahrzeugverkehr eine leichtere Bauweise - etwa aus Holz.

Die hier beschriebenen Rinnen befinden sich an einem Parkweg im oberen Teil des Coburger Hofgartens am Hang zur Veste und bestehen aus einem aus Brettern gefertigtem U-Profil. Die Brettstärke dürfte ungefähr fünf Zentimeter betragen, die Breite und Tiefe der Rinne knapp zehn Zentimeter. Zu ei-

Wasser-Ablaufrinne (hinten noch im Rohbau) im Maßstab 1:87

In Wald und Flur

Diese kleine Holzbrücke eignet sich für Feldbahnen der Baugrößen H0e bzw. H0f

ner Nachgestaltung im Maßstab 1:87 eignen sich für die beiden Seitenteile entsprechend zugeschnittene Papp-, Holz oder Kunststoffstreifchen mit einer Stärke von einem halben Millimeter; ein separater Boden ist im Modell nicht notwendig. Besonders einfach ist es, die Rinnen gleich beim Bau der Wegoberfläche (aus Gips bzw. Spachtelmasse) vorzusehen. Wichtig für die Gestaltung: Der Ablauf der Rinne soll den Wegrand zumindest an der etwas tiefer gelegenen Seite leicht überragen, um – beim Vorbild – das Wasser besser in die unbefestigten Bereiche zu leiten.

Für kleinere Maßstäbe als 1:120 dürften sich solche Ablaufrinnen allerdings nicht zur Nachbildung eignen.

Wasserdurchlässe bei breiteren Feldwegen

Durch Flurbereinigungsmaßnahmen entstanden vielerorts breite, teils sogar befestigte Feldwege. Wenn parallel zu deren Ausbau auch noch Wassergräben begradigt wurden, sind deren Weg-Unterquerungen nicht mehr mit alten, einfachen Rohrduchlässen zu vergleichen. Nun gibt es einen größeren Durchmesser der Rohre und eine Befestigung ihrer Mündungen mit Steinen. Für eine Gestaltung im Modell können wir Trinkhalme verwenden, die entsprechend mit Spachtelmasse verkleidet werden; passende

Aufwändiger Rohrdurchlass an einem Wirtschaftsweg in Nürnberg-Worzeldorf. Weiter ist hier die großzügige Ausmauerung des gesamten Mündungsbereichs bemerkenswert

Abdeckung mit Reifen

Mauerplatten vervollständigen die Szenerie.

Kleine Holzbrücke

Dankbare Bastelobjekte sind solch kleine hölzerne Brücken für Feldbahnen und wie beim Vorbild können wir als Baumaterial echtes Holz verwenden. Passende Holzprofile finden wir in Bastelläden, für kürzere Teile eignen sich zumindest in den Maßstäben 1:87 und 1:120 auch Streichhölzer. Das Bauprinzip ist einfach: auf die Längsträger werden mit Weißleim Querstreben geklebt; das Foto des Modells sagt wohl mehr als viele Worte. Ausmaße der Brücke und Art der Widerlager hängen von den jeweiligen Einbauverhältnissen ab – in unserem Beispiel geht es lediglich um den bloßen Brückenaufbau.

Abdeckung mit Altreifen

Zugegeben – einen schönen Anblick bieten die nicht selten auf Wiesen und Feldern zu sehenden Stroh- bzw. Grasabdeckungen nicht. Aber da sie zumindest seit der späten Epoche 3 einen Teil bäuerlicher Realität darstellen, sind sie auf Dioramen oder Modellbahnanlagen durchaus angebracht. Das Prinzip beim Vorbild ist ganz einfach: Gras- oder Strohhaufen werden mit Folienplane abgedeckt und als Ballast für den Windschutz dienen alte Autoreifen.

Das Basteln ist eine ähnlich schnelle Angelegenheit: Man nehme beispielsweise ein Blatt eines (Papier-) Küchentuches und tunke dieses in verdünnten Weißleim; anschließend wird die Masse auf die gewünschte Position „modelliert". Nach ausgiebigem Trocknen schneiden wir ein Stück Kunststofffolie (etwa aus Plastik-Einkaufstüten)

Die Abdeckung im Maßstab 1:87

aus und befestigen sie wiederum mit Weißleim auf dem Kern des „Strohhaufens". Passende Autoreifen erhalten wir im Fachhandel oder als Überbleibsel von Autobausätzen (z.B. von Kibri oder Preiser) und kleben sie vorsichtig mit Sekundenkleber auf die gewünschten Stellen. Ein bisschen Farbe gibt der Folie den „Schmuddellook".

Nicht alltägliches

Das Umfeld der Eisenbahn ist immer wieder für nicht alltägliches gut: Neben der Brücke wurde ein Güterwagen nach einer Entgleisung einfach „vergessen"...
Foto: Markus Tiedtke

Nicht alltägliches

Vorbildsituation: die Loren im Sommer 2001 in Neusiedl am See

Alte Feldbahnloren am Ortsrand

In der ersten Hälfte des 20. Jahrhunderts spielten Feldbahnen bei Gewerbe und Industrie eine nicht unerhebliche Rolle. Neben recht ausgedehnten Netzen gab es für innerbetriebliche Zwecke auch kleine Bähnchen mit nur geringer Gleislänge. Die Ausbreitung von Kraftfahrzeugen machte dann allmählich den meisten Feldbahnen den Garaus. Doch stößt man auch heute noch an manchen Stellen auf Reste von Gleisen und sogar Fahrzeugen, wie ein Beispiel in Neusiedl am See vom Sommer 2001 zeigt.

Am nördlichen Stadtrand, wo die Hochfläche der Parndorfer Platte steil zum Ort abfällt und sich etliche Keller befinden, hat man früher stellenweise Steine gebrochen. Eine ehemalige Beladungsanlage verblieb jedoch neben der Straße und wurde später offenbar teilweise auch als Weinkeller verwendet. Davor sind noch einige Meter Feldbahngleise – Spurweite vermutlich 600 mm – vorhanden, die an einer Seite in einem Stollen verschwinden. Aus welchen Gründen auch immer: Auf den Schienen befanden sich sogar drei ziemlich verrostete Kipploren.

Eine solche Situation ist im Modell rasch dargestellt. Vor den Resten eines alten Industriebaus verlegen wir ein kurzes Stück Feldbahngleis. Für die Baugröße H0 gibt es dazu den Auhagen-

Bausatz Nr. 42 572, der Kunststoff-Attrappen von Kipploren und Gleisen mit 6,5 mm Spurweite enthält. Selbstverständlich können Sie auch Märklin Z-Gleise verwenden und dort den Schwellenabstand durch Entfernen von Schwellen vergrößern. Möglich wäre im Maßstab 1:87 noch die Verwendung von N-Gleisen, auf denen einige Loren aus dem ehemaligen Roco-Feldbahnprogramm stehen. Nach entsprechender Alterung werden diese auf die Schienen gestellt – fertig!

Noch 'ne Kirche im Dorf

Eine Kirche besonderer Art dient als Blickfang für die Gottesdiensttafel in der burgenländischen Gemeinde Illmitz am Neusiedler See. Das schon fast als riesig zu bezeichnende Modell wurde in einer kleinen Grünanlage neben der Straße aus Richtung Podersdorf erbaut und ist von Bäumen und niedrigen Sträuchern umgeben. Die Höhe des Turms dürfte gut und gerne drei Meter betragen und auf der Grundfläche würde wohl ein mittlerer Pkw Platz finden. Scheuen Sie sich also nicht, eine solch große „Kleinkirche" vielleicht auch auf Ihrer Modellbahnanlage zu konstruieren! Übrigens scheint es für einen LGB-Anhänger durchaus einen Versuch wert, ein Z-Modell als

Das Kirchenmodell in Illmitz weist gewaltige Abmessungen auf

Nicht alltägliches

Grundlage zu verwenden. Vergleicht man die beiden Maßstäbe von 1:22,5 und 1:220, hätte für die LGB ein Z-Gebäude ungefähr die Verkleinerung von 1:10...

montierte Denkmal-Flugzeug dient als reiner Blickfang und der vogtländische Bahnhof mit dem schönen Namen Rautenkranz (ehemalige Strecke Muldenberg – Aue) hat seinen Schienenverkehr längst verloren. Der Grund für die Aufstellung der kleinen MIG-21 der einstigen Nationalen Volksarmee (NVA) der DDR war die mittlerweile im Bahnhofsgebäude untergebrachte Deutsche Raumfahrtausstellung: Aus der Gemeinde Morgenröthe-Rautenkranz stammt mit Dr. Sigmund Jähn der erste deutsche Astronaut, der 1978 an Bord der sowjetischen Sojus 29 erfolgreich in den Weltraum startete. Flugzeugmodelle gibt es im Fachhandel in guter Auswahl und unterschiedlichen Maßstäben, so dass auch auf Ihrer Anlage ein derartiger Blickfang gut möglich wäre!

Die MIG-21 im Sommer 2000 vor dem ehemaligen Bahnhofsgebäude in Rautenkranz

Flugzeug am Bahnhof

Nein, mit Flugreisen hat diese Überschrift nichts zu tun, denn das auf einen geneigten Sockel

Endstation!

Mit diesem Foto soll das Ende unserer Reise durch die Welt von Anregungen für Kleinbasteleien symbolisiert werden – zumindest in diesem Büchlein. Ein alter, inzwischen windschiefer Prellbock der unterfränkischen Kahlgrundbahn (aufgenommen am 17. Juni 1986), der im Laufe seines Lebens im Bahnhof Kahl schon eine Reihe von Aufprallen erfahren haben mag und zum Zeitpunkt des Fotos offensichtlich am Ende eines nicht mehr benutzten Abstellgleises vergammelte. Doch auch eine solch leicht wehmütig stimmende Aufnahme erweist sich als durchaus nutzbringend für die Modellbahnanlage – mit Holzleistchen, Klebstoff und Farbe kann der Prellbock im Kleinen auch bei Ihnen wieder auferstehen und einen gewissen Ruhepunkt nach eifrigem Basteln symbolisieren.

Anhang

Schiene und Straße traulich vereint: Schmalspurbahn und Bahnbus teilen sich den Bahnhofsvorplatz

Foto: Markus Tiedtke

Anhang

Baugrößen

Die wichtigsten Modellbahnbaugrößen und ihre Verkleinerungsmaßstäbe

	2	1	0	S	H0	TT	N	Z
Maßstab 1: …	22,5	32	43,5*	64	87	120	160	220
Spurweite** in mm	64	45	32	22,5	16,5	12	9	6,5

* in verschiedenen Ländern aus historischen Gründen auch 1:45 bei gleicher Modellspurweite
** bezogen auf die Normalspur von 1435 mm beim Vorbild

Allgemeine Umrechnungstabellen für ausgewählte Baugrößen

Meter in der Natur entsprechen auf eine Kommastelle gerundet

	1	2	3	4	5	6	7	8	9	10
Zentimeter im Maßstab										
1:32	3,1	6,2	9,4	12,5	15,6	18,7	21,9	25,0	28,1	31,2
1:43,5	2,3	4,6	6,9	9,2	11,5	13,8	16,1	18,4	20,7	23,0
1:87	1,1	2,3	3,4	4,6	5,7	6,9	8,0	9,2	10,3	11,5
1:120	0,8	1,7	2,5	3,3	4,2	5,0	5,8	6,7	7,5	8,3
1:160	0,6	1,2	1,9	2,5	3,1	3,7	4,4	5,0	5,6	6,2
1:220	0,4	0,9	1,4	1,8	2,3	2,7	3,2	3,6	4,1	4,5

Zentimeter im Modell entsprechen gerundet

	1	2	3	4	5	6	7	8	9	10
Vorbild-Zentimeter im Maßstab										
1:32	32	64	96	128	160	192	224	256	288	320
1:43,5	43	87	130	174	217	261	304	348	391	435
1:87	87	174	261	348	435	522	609	696	783	870
1:120	120	240	360	480	600	720	840	960	1080	1200
1:160	160	320	480	640	800	960	1120	1280	1440	1600
1:220	220	440	660	880	1100	1320	1540	1760	1980	2200

Umrechnungsfaktoren auf zwei Kommastellen gerundet von Maßstab … zu Maßstab …

	1:32	1:43,5	1:87	1:120	1:160	1:220
1:32	1,00	1,36	2,72	3,75	5,00	6,87
1:43,5	0,74	1,00	2,00	2,76	3,68	5,06
1:87	0,37	0,50	1,00	1,38	1,84	2,53
1:120	0,27	0,36	0,72	1,00	1,33	1,83
1:160	0,20	0,27	0,54	0,75	1,00	1,37
1:220	0,15	0,20	0,40	0,55	0,73	1,00

Mit dieser Tabelle lassen sich die Maße von Zeichnungen – in diesem Buch normalerweise im Maßstab 1:87 gehalten – leicht in andere Baugrößen umrechnen.

Beispiel:
Eine Seitenwand misst auf der H0-Zeichnung 50 x 64 mm. Für den Maßstab 1:120 müssten diese Werte jeweils mit dem Faktor 0,72 multipliziert werden, betragen also in der Baugröße TT gerundet 36 x 46 mm.
Für den Maßstab 1:43,5 (Baugröße 0) beträgt der Faktor 2,00, so dass dann die H0-Maße zu verdoppeln wären.

Modellbahn-Epochen

Zur vorbildgetreuen Gestaltung von Modellbahnanlagen bzw. Dioramen gehört nicht zuletzt die zeitliche „Stimmigkeit" von Fahrzeugen, Gebäuden und Umfeld. Um hier eine gewisse Systematik zu erreichen, legte man vor Jahren sogenannte Modellbahn-Epochen fest. Lassen wir eine weitere Untergliederung außer Acht, gibt es für deutsche Bahnen bislang fünf bzw. sechs Hauptepochen:

Epoche 1
Zeitraum bis 1920, als noch die ehemaligen deutschen Länderbahnen existierten.

Epoche 2
Zeitraum von 1920 bis 1945: Übergang der Länderbahnen auf das Deutsche Reich; 1924 Bildung der Deutschen Reichsbahn-Gesellschaft (DRG); 1937 wieder direkte staatliche Unterstellung der Reichsbahn.

Epoche 3
Zeitraum vom Ende des Zweiten Weltkriegs bis etwa 1970. Zunächst Aufteilung der Reichsbahn in die verschiedenen Besatzungszonen. Nach Gründung der beiden deutschen Staaten BRD und DDR im Jahre 1949 blieb im Osten der Name Deutsche Reichsbahn (DR) erhalten, während im Westen die Deutsche Bundesbahn (DB) entstand. Das Ende der Epoche markiert vor allem die Umstellung der Fahrzeugbezeichnungen auf das EDV-System mit den sogenannten „Computernummern".

Epoche 4
Zeitraum von 1970 bis etwa 1990 mit den Bahnverwaltungen DB und DR; 1990 Beitritt der DDR zur Bundesrepublik Deutschland.

Epoche 5
Zeitraum ab 1990. Bis 1993 bestanden mit DB und DR noch zwei deutsche Bahnverwaltungen, die 1994 in die privatwirtschaftlich organisierte Deutsche Bahn AG (DB) übergingen.

Anmerkung:
Bisweilen wird für die - zahlenmäßig wenigen – Anhänger der Frühzeit des Eisenbahnwesens von 1835 bis etwa 1880 noch die Epoche 0 angeführt; diese könnte jedoch auch als Teil der Epoche 1 betrachtet werden.

Im zeitlos schönen Blau kommt die
Bundesbahn-E41 daher
Foto: Horst Meier